次世代リーダー育成塾

経営の作法

Itoh Kunio
伊藤邦雄
Ishii Junzo
石井淳蔵
価値創造フォーラム21編

日本経済新聞出版社

まえがき

安倍政権の誕生以来、「アベノミクス」と称されるマクロ政策によって、株価をはじめとする資産価格が上昇し、閉塞感に覆われていた国民の気持ちに明るさが見られるようになった。企業の収益面でも、二〇一三年度の上場企業の収益性はリーマン危機前の水準に近いところまで回復した。ただ、一方で現況を「実体なき熱狂」と危ぶむ見方もある。「熱狂」かどうかは別としても、経済の「実体」がついてこなければ、持続的成長は覚束ない。では、「実体」とは何か。間違いなくそれを構成する中核的要素は日本企業の実力、すなわち競争力である。企業活動が活性化し、ヒト・モノ・カネが豊かに循環してこそ、経済は持続的に力強いものとなる。とりわけ、経営のグローバル化がますます進み、激烈な競争がグローバル市場で展開されている今日、日本企業のグローバル競争力が真に問われている。

もちろん各企業は、そうした激烈な環境の中で、もだえ、苦しみながら、汗を流し、努力を続けている。リーマン・ショックや東日本大震災に直面しながらも、日本企業がそれを乗り越えて存続できたのは、そうした努力によるところが大きい。しかし、各企業の奮闘が文字通り「孤軍」に終始しているとすれば、それは辛いことである。それを和らげる手立ての一つは、市場競争の中で優れた成績を残してきた企業群の先進事例や、それを推進してきた経営者の知恵や慧眼に、各企業や経営者が接し共有することができる機会を提供することであろう。そうすれば、各企業（経営者）は自社の経営をそうした範とすべき事例と相対化し、また位置づけることで、孤独から解放され、勇気をもつことができるのではなかろうか。本書は、そうした願いから編まれたものである。

本書が生まれた経緯について少し触れておこう。起点は一九九八年四月に発足した「価値創造フォーラム21」に求められる。「価値創造フォーラム21」は価値創造の理念、価値創造の戦略、価値創造の実行の三つを柱に、今日まで新たな時代の企業理念、経営哲学や企業活動のあり方について研究してきた。

その後、「価値創造フォーラム21」に加えて、新たに「次世代リーダー育成塾」が創設された。企業が健全な事業活動を通して社会に貢献し続けるためには、企業価値追求の姿勢や共生・共創の精神などを、世代を超えて継承し続けることが必要であると考えたからである。リーマン・ショック直後の二〇〇八年一一月に第一期「価値創造リーダー育成塾」が発足し、その成果物として日本経済新聞出版社から『経営の流儀—次世代リーダー育成塾』を出版した。

第二期は二〇一一年一二月に開講された。第二期も第一期と同様、約一〇〇名の未来を担う若手のリーダーが参加した。育成塾を通じて、価値創造理念の共有と伝承、次世代を担う人材の横のつながりを実現するプラットフォームの構築が図られた。本書は、第二期「価値創造リーダー育成塾」の成果をまとめたものである。

本書は全体が大きく二つの部から成る。第Ⅰ部でグローバル経営に焦点を当て、第Ⅱ部は経営が拠って立つべき価値創造に着目している。それらの基本的メッセージは、経営には「作法」や「型」があるというものである。無手勝流に経営するのではなく、作法や型に凝縮された「知」を取り入れることで、経営を進化させることができる。

日本企業は急激に進んだグローバル化に遭遇して、拠るべき経営の軸を見失いかけているようにも見える。場当たりの経営は一見、柔軟なようにも見える。しかし、そこには経営者と社員とが共有する価値観が欠如し、力強い価値創造力は生まれない。

振り返れば、日本には歴史にもまれながら、長年にわたって蓄積されてきた優れた知の伝統がある。刀剣の世界である。それは日本人の作法と心魂の相乗美でもある。

日本刀は「折れず」「曲がらず」「よく斬れる」という三つの特徴を持つ。

「折れず」は刀が柔らかいということ、「曲がらず」は刀が硬いということである。そして「よく斬れる」ということは、刀が硬く全体のバランスがよくとれているということである。

しかし、ここには相反する矛盾が存在する。「折れない」ためには鋼は軟らかくなくてはならない。逆に、「曲がらない」ためには鋼は硬くなければならない。この矛盾を解決したのが、炭素量が少なくて軟らかい心鉄を炭素量が多くて硬い皮鉄でくるむという方法である。それによって見事に「折れず」「曲がらず」を実現し、全体のバランスがとれている「よく斬れる」という三つ目の特徴を実現することができるのである。

これこそが日本刀製作の作法であり、神髄である。その結果、日本刀は世界から賞賛される代表的な武器となったのである。日本刀は、鎧や鉄砲の銃身も斬り、石灯籠まで斬ったとさえ言われる。そして、この刀剣技術が今日、東京スカイツリーの構造体に見事に生かされている。

グローバル化を進める日本企業の姿は、日本刀の世界と重なる。日本企業もその製品に自らの強みを押し出しすぎれば、しなやかさを失い折れてしまう。だからといって、海外現地の事情を考慮しすぎたモノづくりになって自らの強みを見失えば、硬さを失い、曲がりやすい刀になってしまう。両者の矛盾を克服した「よく斬れる」バランスのとれた強みを構築できれば、日本企業のグローバル競争力は磨かれ、確固たるものとなろう。

折れず、曲がらず、よく斬れるという独自の特徴をもつ日本刀の技術は、日本人が戦闘の度に自身の力を見直し、強靭さを求めて改良を繰り返した末に現在の形に造り込まれた。しかし、その詳細は各地の伝説や神話、民話の形でしか残されておらず、その作刀等の技法は「他言無用」「一子相伝」などと厳密な管理のもとに置かれてきた。それでは後世に伝承され、発展していくのは難しい。

本書は経営の作法という知を「秘伝」の世界から開放し、共有したいという願いのもとに編まれたものである。

最後になりますが、執筆者の皆様、そして次世代育成のために熱い思いをもって協力していただいた経営リーダーの方々に、あらためてこの場を借りてお礼を申し上げたい。

二〇一三年八月

伊藤　邦雄
石井　淳蔵

目次

キーノートスピーチ

グローバル人材の条件

三井物産株式会社取締役会長　槍田　松瑩

グローバル人材とは

近年、日本と世界を取り巻く環境はとてつもないスピードで変化をしており、「グローバル化」の進行は待ったなしです。日本がそれに対応していくことの重要性はますます高まっています。しかし、グローバリゼーションそのものは、シルクロードや大航海時代のように、歴史的にも世界の動きとしてこれまでもあったものでした。

先日、私は中国の西安に出張する機会を得ました。唐の時代に長安といっていたこの町は、当時一〇〇万の人びとが住む大都会であり、そこには世界中から様々な民族が貿易や留学のためにやってきました。日本の遣唐使も四〇〇〜五〇〇人の規模でこの町を訪れていましたが、巨大な壁に囲まれた城内に入ることができるのはほんの一握りの高位の人たちだけ。それ以外のお付きの人たちは帰国するまでの二〜三年の間、城の外側で現地の人とともに暮らしていたといわれています。そのため、「やまと言葉」の中には、当時の長安の城外の方言が多く混じっているのだそうです。

このエピソードは、当時の「グローバル化」を示唆する一例といえるでしょう。私の理解する「グローバル化」とは混ざること。それは、水が低きに流れるような自然の摂理だと改めて感じます。

その一方、今日では移動手段や情報技術が進展し、そのスピードやインパクトは非常に大きなものとなっています。かつての「グローバル化」は、一部の限られた人びと、地域、分野での現象という面がありましたが、現在起こっていることは、インターネットをベースとして、世界中のありとあらゆる人たちを巻き込んで同時進行している「グローバル化」です。その意味で私は、決して大袈裟ではなく、今は人類始まって以来のきわめて大きな環境変化が起こっているのだと感じます。

では、「グローバル人材」とはどのような人を指すのでしょう。実は多くの人びとが、「グローバル人材」という言葉を日本以外の国で聞いたことはないのではないかと思います。少なくとも私自身、海外でこの言葉を聞いた経験がありません。やはりそこには、日本固有の歴史的背景があるように思います。

日本人が育んできた価値観の中には、欧米人のそれとは対極にあるともいえるものが多くあります。例えば、当社でもアメリカのビジネススクールを優秀な成績で卒業した学生を採用していますが、その中には様々な理由から組織となじめずに、長続きしないというケースもあります。そうしたことが起こるのは、本人の問題というよりも、その人物と受け入れる側の組織との間に存在する、個人としての行動に対する価値観の違いによるのではないかと思います。

日本人は、つい一〇〇年ほど前まで、欧米の人たちとはまったく異なった行動規範を理想として育てられました。当時の日本人が理想とした生き様は、個人の主張をよしとする欧米流のそれとは非常に異なるものであり、沈黙は金、不言実行、あるいは慎ましく振る舞って陰徳を積む等々の行動規範でした。

振り返ると私自身も、まさにそのような環境で教育を受けてきました。この根っ子の部分の違いをよく認識せずに、日本が「欧米流」の動作や行為だけを取り入れることを「グローバル化」というのであれば、それは少し違っていると考えざるを得ません。そこには、移動手段や情報技術の発達で世界の距離が一気に縮まり、他の民族や異文化との接触が常態化する中で、我々日本人が自己を主張する能力が著しく不足しているという問題意識があるのだと思います。そのために、主として外国人との折衝に必要なスキルを持つ人材の育成が求められるようになったのでしょう。

確かに、これからはそういったスキルを身につけること、そして異文化や異なる価値観を正しく理解することの重要性はますます高まっていくだろうと思います。しかしその一方で、我が国古来のスピリット、あるいは行動規範のなかに、グローバルに通用するものはしっかりと維持していくべきだと考えます。

幕末に世界を目指した先人たち

私には、「グローバル人材」と聞いていつも思い起こす幾葉かの写真があります。幕末の米欧使節団の写真では、ちょんまげに刀を差して、欧米人から見れば異様な風体の侍たちが映っています。しかし、武士としての心構えや鍛錬によって磨かれた迫力によって、訪問先の各地では強烈な印象を持たれたそうです。事実、様々な折衝での対応は常に正々堂々としており、極めて高い評価を得たと記録されています。

万延元年の遣米使節団は江戸幕府が米国に送った初めての公式使節団でした。この使節団は、米国政府のポーハタンという船で三七日間をかけて太平洋を横断し、ワシントンやニューヨークなど数多くの都市を訪問しました。各地で、一行は大歓迎を受けています。マンハッタンでは、彼らに敬意を表してブロードウェーのパレードが催されました。この時、日米両国の国旗が各所に掲げられ、ブロードウェーは五〇万人の観客で溢れかえって、ビルの窓から身を乗り出したり、電信柱に登って見物する姿も見られたとのことです。

よほど関心が高かったようで、米国の各新聞社はこの使節団の詳細な動向を日々取材しています。当初、各新聞社の主な関心は、この遠方から来た訪問者が西洋文明と初めて対面してどれほど驚くのか、どれほど恐れるのかといった点にあり、記事もそうした〝上から目線〟でその点を強調するものでした。

しかし、やがてそのような姿勢は、彼らの品格ある丁寧な立ち居振る舞いに触れるに従って変わっていきます。報道関係者の中には、この使節団に対する一部の米国民衆の下品な行動に幻滅して、一行と米国市民のどちらがより礼儀正しいのかというような問いかけをするものも多くありました。『ハーパー・ウィークリー』という当時の週刊誌には、米国に紳士、淑女は存在する。しかし、米国訪問中の日本使節団一行が、そのような紳士や淑女に相まみえる機会というのはあるのだろうか。野蛮で野放図な振る舞いを行うのは常に米国人ばかりではないか、といったような一文が見えます。

また、『デイリーテレグラフ』には、イギリスに出かけた使節団に関し「日本人は中国人とそっくりだが、はるかに威厳があり正直だ」と指摘した記事もあります。さらに続けて、「日本人は終始冷静で礼儀正しく、うやうやしく、かつ威厳のある態度である。その心の中をよぎるものを想像すると、多分こんなことだろう、〝我々にも古くて緻密に組み上がった素晴らしい文明がある。しかし、幾分社会構造が錆びついてしまっているので、そういった問題を解決するヒントを西洋から持ち帰りたい〟そういった気持ちではなかろうか」と書かれています。彼らの立ち居振る舞いというのはまさにそのような印象を与えるものだったようです。

では、彼らは外国で何を感じ、そしてその後にどう世界に立ち向かっていったのでしょう。

益田孝の思い

三井物産の創業者である益田孝を例に、その辺りについて考えてみましょう。益田は一八四八（嘉永元）年、新潟県の佐渡島に生まれました。父親は幕臣でした。当時は、アヘン戦争に敗れた清が英国と南京条約を締結させられ、その後もアメリカ、フランスなどの列強と次々と同様の条約締結を強いられ、その圧迫に苦しんでいました。日本も一八五三年にペリーが来航し、五八年には安政条約を締結しましたが、不平等な条件のもとで下田、函館、横浜、長崎等の開港を迫られていました。

そうした中、一八六〇年から六三年にかけて、三度にわたる条約批准、あるいは開港延期交渉のための幕府の使節団が派遣されました。益田孝は、この第三回の遣欧使節団に父親の鷹之助と同行しています。このときフランスを訪問した若き益田は、日本とのあまりの格差に驚愕し、「同じ人間でもこうも違うものか」と涙を流したといいます。今からわずか一五〇年前、一八六三年のことです。

帰国すると幕臣の益田は、戊辰戦争を経て明治維新を迎えます。七二年には、当時の大蔵省にいた井上馨との運命的な出会いがありました。井上が「君はヨーロッパの土を踏んで何を感じた」と質問をすると、益田は「マルセイユに着きますと、同じ人間でもこうも違うものかと、皆男泣きに泣きました」と答えます。それを聞いた井上と意気投合し、益田はしばらくの間大蔵省で働きます。その後、大蔵卿だった大隈重信から三井家に対して民営の貿易会社を設立してほしいという要請があり、それに基づいて三井物産が創業されます。そのときの初代社長として益田孝が就任します。二九歳、一八七六（明治九）年のことです。そのときの益田には四つの思いがあったといわれています。

第一番目には、お国のために何とかして不当な利益を得ている外商、いわゆる外国の貿易商人の手から貿易そのものの仕事を取り戻したい。第二に、不平等条約改正のためには、まず商工業を先進国レベルに底上げすることが必要不可欠である。三番目として、国を豊かにするのは、官ではなくて民間の情熱、努力、感性である。そして最後に、「産業貿易立国」によって、資源のない日本を欧米の列強に負けない立派な国にする。

そして、その実現のためには人材育成が急務だと考え、多くの旧士族を三井物産に採用しています。これらの人材を商業者として鍛え上げるとともに、一八九二（明治二五）年には、早くも若手の社員の中から選抜して、海外の大学等で学ばせる「海外修業生制度」を開始しています。「眼前の利に迷い、永遠の利を忘れるごときことなく、遠大な希望を抱かれんことを望む」という益田の言葉が残っていますが、これには世のため人のために事業を起こして、日本を立派な国にしようとする遠大な挑戦への思いが込められています。

当時のリーダーたちの活動の動機や推進力となったものは、何よりも劣等国として見下されることを恥じる、侍としての矜持でした。そしてそれは、当時でも今でもグローバルに通用するものだと思います。

グローバル化―変わらざるもの

もちろん、時代の流れとともに私たちを取り巻く環境も大きく変化しています。特に昨今、その変化のスピードはますます速まっており、またそこから生じている問題の種類、あるいは中身もますます複雑で根深いものになってきています。しかし、大事なのは、いつの時代状況にあっても、またどのような環境下にあっても、様々な変化に正面から挑戦していく気概とそれを支える高い志を持つことだと思います。突き詰めれば、今も昔もビジネスの本質は、「良い仕事」を追求することに尽きると思っています。そして、その軸さえしっかりしていれば、世界中のどこでどんな仕事に携わっても、多少の言葉やスキルのハンデがあっても大丈夫だと私は確信しています。

ちなみに、「良い仕事」というのは、私が社長時代に三井物産が経験した、ある事件をきっかけに、世界各地の出先の本社の社員、現地職員に問いかけをして議論してもらった、三井物産としての仕事の判断基準です。その結果、海外の各地でも翻訳をせずに、そのままローマ字で「YOI―SHIGOTO」という表記で浸透しています。

この経験から、物事の本質は、言葉や文化などの壁を越えて海外でも十分受け容れられるのだと感じています。もちろん人によって、何が「良い仕事」かについては様々な見方があるでしょう。しかし、突き詰めていくと、私は次の三点になると考えています。

一つ目は、世の中にとって役に立つのかという社会の目線。二つ目は、お客様やパートナーにとって有益で付加価値をもたらすものかという取引先の視点。最後――私はこれが一番大事だと思っていますが、自分のやりがいや納得感につながるのか、自分の人生をつまらないことに消耗していないかという自分自身の視点です。この三つの視点からスクリーニングされた仕事は、間違いなく「良い仕事」であるはずです。

こうした「良い仕事」の実践を通じてグローバルに活躍できる人材を育成するために、当社では様々な人材育成の取り組みを行っています。すでに多くのものが走り出しており、こういったプログラムを通じて当社のグローバルグループ経営を担う、いわゆる「グローバル人材」を育成しよう、良い仕事という価値観を共有しようと努めています。

私は、「混ざって磨く」――人は混ざり合い、自分で気づいて、それをベースに成長していくことが大事だという観点から、研修を重視してきました。二〇〇二年に社長に就任してすぐに、「費用を一〇倍にしてもいいから、研修を拡充すること」を人事に指示しました。当時はお金の手当ては何とかなるのですが、社内の人材を育成するためのスタッフが限られており、その点に難しさがありました。しかし、今では多くのプログラムがグローバルに走っており、かなり充実したものになっているのではないかとひそかに自負しています。

明治の創業当時、「人こそ未来」という考えで、当時としては大変に巨額で重たい負担となった費用を覚悟して、海外各地に修業生を派遣しました。そうした伝統を受け継いで、現在に至るまで、人材育成は三井物産の最重要課題であり続けています。世に「人の三井」といわれて、人材育成を最も重視する会社だと認知されているのも、その所以だと考えるからです。

当社では、「グローバル人材」のイメージを「世界中で新たなビジネスに挑戦して、国籍、文化、宗教、言葉の壁を越えて高い価値を生める人」と表現しています。そのような人材となるためには、言葉や資格といったスキルの部分を身につけることももちろん大変に重要ですが、根本はやはり「人物」であるはずです。

日本には「士魂商才」という言葉があります。士魂とは侍スピリッツ、つまり高い志を持って命をかけて信義に生きるという心構えです。様々な訓練や経験を通じてそのような心構えを体得することで、スキルを超えたグローバルなビジネス社会で信頼される人間になるのです。時代や環境の変化で、求められるスキルやナレッジはどんどん変わっていくでしょう。しかし、グローバルな世界で信頼される人としての本質は何も変わらない、それが私の見方です。

大切なことは、自らを磨いて、しっかりとした「個」を確立するための努力をすることだと考えます。それによって、国籍や言語、文化等の様々な違いを超えて、理解され信頼される「グローバル人材」になることができるのではないでしょうか。冒頭の侍使節団の逸話も、その一つの例として申し上げたものです。身につけるべきスキルの重要性もさることながら、「人として目指すべき本質は、いつの時代も変わらない」という視点を忘れてはならないと思います。

第Ⅰ部　日本を強くするグローバル経営とは

グローバル人材育成への道

ハーバード大学経営大学院教授　竹内　弘高

広き門、狭き門

振り返ってみると、ハーバード・ビジネス・スクール（ＨＢＳ）は、私が最初に教えていた一九七六年から八三年当時は日本人にとって広き門でした。楽天の三木谷さんなどが来ていたピーク時には二五人ほどの日本人が、毎年、商社や銀行、サービス業など様々な企業から派遣されてきました。ところが、いまや日本人学生は、二〇一〇年が六人、一一年が一一人という状態です。この一一人というのは、よくこれだけ入ったなと言われるぐらい、近年稀に見る数字でした。つまり、ＭＢＡを受ける日本人にとって、ＨＢＳは非常に狭き門になってしまったということです。その理由のひとつは、「ビジネス・スクールに人材を送っても、卒業すると会社に戻ってこない」ということを、日本企業が経験知として学んだからです。数年前に野中郁次郎さんと共に三菱商事の小島順彦会長とお話ししたときにも、「我が社では今年五人アメリカに出しました。そのうち四人はハーバードですが、一人も戻ってきませんでした」というのです。これでは、企業側に学生を送ろうという意欲がなくなるのは当然です。

また、これは当時も今も変わりませんが、たとえ広き門ではあっても、卒業するまでは厳しさもあります。ハーバードの場合、成績は相対評価です。Aが三〇％、Bが六〇％、Cというのは落第ですが、これが一〇％。つまり、一〇％は必ず落とさなければなりません。九〇人いれば、九人はかならず落とすのです。例外は一切ありません。これを変更できるのは学長だけという、非常に厳しい相対評価です。一年が過ぎると、五％程度の学生がＨＢＳで hit the screen と呼ばれる退学処分、つまり翌年学校に残れるかどうかの選別にかけられます。私が以前に勤めていた七年間だけでも、日本人がスクリーニングにかけられる割合はなんと二〇％でした。つまり日本人が二〇人来れば、四人は落第して退学になっていたのです。ひとつの理由としては、文化的なものがあるように思います。当時は官僚なども来ていて、階段教室の上のほうに、偉そうな顔をして座っていました。ケース・ディスカッションではクラスでの発言が成績の五〇％を占めますから、みんながワーッと手を挙げるのですが、彼らはろくに手も挙げません。仕方がないのでこちらから聞くと、「う～ん……」と三秒ぐらい黙っています。そして、おもむろに「difficult question…」などと言って、やはり答えない。これでは点のつけようがありません。こんな人でも霞が関にいれば、沈黙は金なりとばかりにおさまっていられるわけです。それでずっと成功してきた人たちは、ハーバードへ来ても自分のライフスタイルは変えません。でも、それでは落とされるしかないのです。

企業派遣者の実情

そこで私は、二〇一二年に在籍していた一一人を調べてみました。その結果わかったことは、この一一人の中で日本の企業から派遣されてきたのは、わずかに一人だけだったという事実です。他の一〇人の中にトヨタを辞めて自費で来ている人が一人だけいましたが、それ以外の九人はすべて外資系企業からの派遣です。その内訳は、マッキンゼーが四人、ＢＣＧが一人、ベインが一人、ゴールドマンサックスが一人、ＵＢＳが一人、残る一人も外資系金融会社でした。何が起きているのでしょう。かつては三木谷さんのようにＩＢＪ（日本興業銀行）から派遣され、ＭＢＡをとって、マッキンゼーのような外資系企業に転職するのがパターンでした。ところが、転職先である外資の側もこれでは効率が悪いことに気付いたのです。そこで、マッキンゼーなどは、優秀な大学生を青田刈りし、三～四年後に将来性があると見込んだ者をＨＢＳに行かせるようにしています。

もうひとつ驚いたのは、この外資系から来た九人全員が帰国子女だったことです。日本人の場合、落とされるポイントは、やはり英語力です。少し想像してみてください。これは、たとえば外国人が日本人の芸人と掛け合い漫才ができるか、ということです。逆にいえば、いくら英語が上達しても、ネイティブの人と丁々発止の会話ができるでしょうか。ＴＯＥＩＣで八〇〇点取ったといっても、日本でいうボケとツッコミのような会話はなかなか難しいのです。

今年の九人のうち三人は、それでも日本の大学を出ています。他の六人はアメリカの大学を出ていました。そこで私は「来年からは real Japanese を入れてほしい」と進言しました。「今年の一年生とディナーをしてみたけれど、生粋の日本人は二人しかいなかった。これでは、ケース・ディスカッションをやるときに、本音で日本の企業のことは語れない。彼らは、落第はしないかもしれないが、日本人を代表しているかといえば、それは大いに疑問だ」と指摘したのです。

実はこの年には、ある企業の一六年選手も受験していました。彼は、五年前にも受けて落ちたのですが、今回は英語で大変な努力をしてきたので僕も応援していたのです。ところが、なんと一次試験で落ちてしまいました。彼が落とされた理由は非常に単純なものでした。一度落ちた学生は、どこかに欠点があると認識されるので、ハードルがぐっと高くなる。そして、彼は五年前に落ちたときの問題をクリアしてない、というわけです。この人は現在ハリウッドで頑張っています。

オープン・プログラム

ＭＢＡについては、日本の企業はほとんどあきらめ状態ですが、それ以外にＡＭＰ（Advanced Management Program）やミドル・マネジャーのプログラムであるＧＭＰ（Global Management Program）、三十歳代マネージャーのプログラムであるＰＬＤ（Program for Leader Development）などのオープン・プログラムがあります。

ＡＭＰは、以前は八週間から一〇週間ほどのプログラムでしたが、現在では六週間になっています。ＡＭＰは一つの部屋に八人ぐらいが缶詰めになって、二カ月一緒に過ごすというのが売りだったのですが、いまやこれが六週間です。変わったのはこれだけではありません。ＡＭＰでは最後の週に配偶者が学校に来て、一緒に授業を受けます。「こういう苦行をあなたの夫や妻はやっていたのですよ」ということを知らせるために大学が招き、そして最後は一緒にブラックタイとドレスでダンスをするわけです。現在はこのダンスパーティーが、最後ではなく、三週間目の終わりに入っています。これは、連続して六〜七週間も家を空けると離婚率が高くなるので、それを抑えるために三週間目に来てもらうことにした、というのです。いかにもアメリカらしい話です。

このオープン・プログラムに関しては、日本企業は今でも非常に多く派遣しています。学位のとれないノンディグリー・プログラムですが、ここではそれなりに著名な教授たちが登壇し、学生もお客さん扱いをしてもらえるので人気があるのです。

二〇一二年には三井物産が、日本企業として初めてHBSに社員三〇人を送って二週間の「カスタマイズド・プログラム Customized Program」（各企業に対応したプログラム）をやることになりました。実は、一一年ほど前、槍田松瑩会長が企画部長のときに一橋大学とのMMAというプログラムをスタートしました。それを一〇年間やったので一応卒業とし、今度は英語で、それもメンバーの半分は日本の本社が採用した人ではない人たちを交えたプログラムを組みたいという相談があり、そこから始まったものです。

当初私は、「HBSは高いからやめたほうが良い。ウォートンやIMDなど、他にも良いところはありますよ」と進言したのですが、二カ月調査した人事部長は「HBSは確かに高い。でも、いちばんポリシーを持っている」と言うのです。ある欧州のビジネス・スクールに行くと、「御社のお好みに合わせてどんなプログラムでも組みます。何がよろしいでしょうか」という対応をされたそうです。一方HBSは、「三〇人以上、通訳無しでなければやりません」という断固たる対応。だから、やはり良いものがあるのではないか、という結論を得たようです。

こうして二週間の日本企業による初めてのカスタマイズド・プログラムをボストンでやることが決定しました。このプログラムには、ファカルティ・チェアという責任者が必要だということで、私がこれを引き受けましたが、これはかなり責任のある仕事で、他の教授陣を選択する権限を一手に担うことになりました。まず、三井物産からこれまでAMP、MBA等に行った卒業生から集めたアンケートを見せてもらいました。すると、希望する教授としてそこに並んでいたのは、マイケル・ポーター、ジョー・バダラッコ、ディック・ビートウ、リンダ・ヒルといった名前ですから、まさにオールスター。私は大変な難題を抱え込むことになったのです。ボストンで相談すると、さらに厳しい条件が待っていました。まず、オールスター教授陣に対する金銭的なインセンティブはゼロ。マイケル・ポーターであろうが、無名の教授だろうが金額は同じで、マーケット・レートより低い。従って、彼らを口説くためには報酬うんぬんではなく、別な方向から攻める必要がありました。そこで考えたアピールポイントが、三井物産はカスタマイズド・プログラムに参加する「日本初の企業」であるということ。さらに「日本を代表する総合商社」で「社長も参加する」と加えました。これは嘘ではなく、実際に飯島彰己社長は一日参加されるのです。こういう言い方で口説いてみたところ、マイケル・ポーターはじめ希望されたHBSの教授陣全員から承諾を得ることができました。この勝因について、マイケル・ポーターに率直に聞いてみました。すると、やはり「日本企業がカスタマイズド・プログラムに初めて来るということは、画期的なことだ。私はぜひそれに参加したい。しかも、一五人が日本人で、あと一五人は日本人ではないというのも良い」と言っていました。海外の支店長などをやっている人が七人、あと八人は海外の戦略的パートナーの幹部です。このミックスは非常に面白い、ということでした。

ナレッジ・フォーラム

この年の九月には、私が野中郁次郎氏と共に続けているナレッジ・フォーラムの海外教室がありました。ナレッジ・フォーラムは、三〇社の次世代リーダーを集めたリベラルアーツを中心にしたプログラムで、グローバル・リーダーを育成することを目指しています。実は三井物産の飯島彰己社長は、このフォーラムに三井物産から派遣されてきた一期生です。三月に卒業され、四月に社長に就任されました。これまでにも四～五人の卒業生が各企業の社長に就任されています。

このプログラムには、年に一度海外での研修があります。過去三年間はドラッカー・スクールを訪問していました。この学校は、カリフォルニアにあるので、日本からのアクセスのよさも魅力ですが、ミセス・ドラッカーが存命なのも私たちを引き付けます。日本人が大好きなので、我々を自宅に招待してくれるのです。そして、「ここで彼が読書をしていた」などというエピソードを聞かせてくれて、あたかもドラッカーの匂いをかぐかのような体験ができました。ドラッカーはご存じのように、「マネジメントはリベラルアーツである」と喝破した人です。我々も、コアはリベラルアーツだという趣旨ですから、皆ドラッカーの本を読んで出掛けていくのです。野中氏によると、自宅に残されたドラッカーの蔵書でいちばん多かったのは日本美術関係の本だということです。ドラッカーがクレアモント・カレッジズ（リベラルアーツ）で最初に教えたのは、桃山時代の日本美術でした。次に多かったのが歴史、そして哲学の本だったということです。文学で多かったのは、ジェーン・オースティンだったとか。

そして、この年から私がボストンに勤めているということで、この方々にハーバードに来ていただくことにしました。そしてＨＢＳに、「じつは日本の代表的な企業の社長候補が大勢来る」と言ったところ、担当者は目覚ましい反応を示しました。まさしくマーケティング・マインド。最初のカスタマイズド・プログラムとして三井物産が来ることになったので、これからもどんどん来てもらおうというわけです。

「知識ベースの戦略」(Knowledge-Based Strategy)

「知識ベースの戦略（Knowledge-Based Strategy）」という授業で、私はファーストリテイリングなど新しい日本企業のケースを七つ書きました。既存のケースを入れると、一四セッションのうち日本企業のケースが一二社です。これに対して同僚からは、「日本の企業に誰も興味はない。それなに一四のうち一二社も使っている。レーティング（教授の評価）が良いわけないよ」と言われています。でも、案外ＨＢＳの中では、話題になっているのです。私が入る前、日本企業のケースは二〇〇九年と一〇年の二年を合わせても一つしかありませんでした。ＨＢＳは、ケースを年間五〇〇書きますから、二年で一〇〇〇個のケース中、日本企業は一つしかなかったということです。ところが、なぜか今年は聞いたこともない会社が七つも書かれている。私はこの七つを三カ月で書きました。しかも、すべてフィールド・ケースです。フィールド・ケースというのは、インタビューをベースに書くので、通常は非常に手間と時間がかかります。他にライブラリー・ケースというのもあります。これはすべてライブラリーで集めた資料をまとめて書くので、あまり時間はかかりません。フィールド・ケースには主人公がいます。たとえばエーザイなら、「武田薬品があんなに大きな買収をしている。我が社もやるべきかと内藤晴夫は悩んでいる」というようなセッティングにするわけです。「知識ベースの戦略」では、どうしてもフィールド・ケースにならざるをえません。

このコースでは、これまでの戦略論の考え方は正しいという前提に立っています。これはポーター流の戦略論の考え方ですから分析的で、アウトサイド・インです。外の環境を分析して、業界（外）を分析して、コンペティター（外）を分析して、自分の立ち位置（ポジショニング）を決める。このポジショニングを一年間かけて、四〇のケースで叩き込まれます。従って、HBSの卒業生は、ファイブ・フォースやバリュー・チェーンなどの分析ツールは完全にマスターしています。

ところが、この「知識ベースの戦略」では、戦略は本当にそうやって作られているのだろうか、という疑問を投げかけます。そして、どう見ても内藤さんはエーザイの戦略を考える際に、武田薬品やファイザーを分析するよりも、ヒューマン・ヘルスケアに対するきわめて強い個人的な思いの虜になって、どうやったら我々がこれを患者さんに与えられるのか、が原点になっているはずだと考えます。エーザイでは、役員に上がる人は全員が老人の介護の経験を義務付けられています。病院で患者さんと時間を過ごすことによって、「ヒューマン・ヘルスケアとはこういうものなんだ。そのお役に立つのが薬なんだ」という気付きを得るのです。したがって薬ありきではなく、どうしたらヒューマン・ヘルスケアを達成できるか、そこから戦略を立てるのではないかという投げかけをするのです。

もちろん“Porter is right”です。その考え方は絶対に重要です。しかし、同時に「皆さんはコンサルタントやファイナンス、ヘッジファンドでサラリーマンになる人ばかりではないでしょう。もし、自分の会社をつくるのであれば、もう少し自分の思いや、〝真善美〟のような理想、それをベースに戦略を立てる必要があるのではないですか」という疑問符も投げかけるのです。ファイブ・フォースにもバリュー・チェーンにも人は登場しません。でも、人中心の戦略ならば、そこには創業者の思い、あるいは中興の祖といわれるような人たちの思いがあるはずです。公文は、創業者はもちろん、野村から来た人がこういう改革をしたから今の公文があるのではないか、という問いをするわけです。そうすると、ＨＢＳの学生は、半分は自分の会社をつくりたいと思っているので、目がらんらんと輝いてきます。

実際の授業では、日本語の「場」という言葉を使っていますが、「場」は英語になりません。Place ではないのです。「場」は、context（文脈）も大事だし、時間軸も重要だし、雰囲気のようなものも重要です。結局、英語にならないので、そのまま ba を使っています。説明するときには、「場」というのはバー（bar）みたいなものだと言っています。バーやパブの雰囲気だというと、アメリカ人はすぐわかります。「知識ベースの戦略」の授業では、他にも「わいがや」や「中興の祖」などの日本語がポンポン飛び出てきます。

“The Wise Leader”

“The Wise Leader”は、二〇一一年五月号の『ハーバード・ビジネス・レビュー』に載った論文です。野中・竹内で前年の一〇月に書き上げて、『ハーバード・ビジネス・レビュー』に送りました。

対象としては日本企業が圧倒的に多いのですが、実は最初の原稿には、スティーブ・ジョブズやGEのジェフ・イメルト、IBMのサム・パルミサーノあたりも戦略的に入れていたのです。ところが、一〇月の時点で編集者から「日本人以外の経営者を全部除いてください」というフィードバックが来たのです。最終的には、この論文に載った外国人はインド人が一人だけ、ラタン・タタです。彼は残ったけれども、欧米人は全部カットされました。それが受け入れの条件だったのです。いうまでもなく、我々は大喜びです。最初は日本人経営者だけだったのですが、日本人の名前や企業だけでは通らないだろうと考えて、ふりかけのようにポッポッポッと欧米人のトップを入れておいたのです。ここには、本田宗一郎、槍田松瑩、柳井正、豊田英二、鈴木敏文、内藤晴夫、御手洗冨士夫、西田厚聰、といった人々が、“The Wise Leader”のロール・モデルとして取り上げられています。そして、その六つの共通点とは何かということが書いてあります。それはここでは説明しませんが、皆さんに考えていただきたいのは、なぜ『ハーバード・ビジネス・レビュー』のエディターが、この“The Wise Leader”から欧米人を削除しろと言ったのか、なぜ日本人だけにしてくれと言ったのか、ということです。

実はこれを、昨日ファーストリテイリングの研修会場でも聞いてみました。すると、何人かが手を挙げて、「それは津波（Tsunami）があって、日本人に同情（sympathy）しているからだ」等々いろいろ出ました。そこに以前にグッチの社長だった人がいて、「答えはここにある」と言って表紙を指しました。よく見ると、FRAUD、GREED、UNETHICAL MANAGERS、LACK OF INTEGRITY、といった言葉が散りばめられているのです。そして彼は、「リーマン・ショックから三年経ったけれど、アメリカの企業経営者はまったく学んでいないのではないか。だから、もしかするとこちら（日本）の資本主義のほうが正しいのかもしれない、という主張ではないか」と言うのです。うれしかったですね。「お前、良いこと言うね」と言いました。つまり、これはおそらく日本企業、日本の人材育成の再評価です。

野中郁次郎氏と柳井正氏の共通点について先日話していると、柳井さんが二つあると言っていました。一つは「二人ともシャイ」だと言うのですが、これはよくわかりません。二つ目は、二人とも早稲田大学の政経学部の出身だということでした。そこで、私はこれにもう一つ加えました。それは、二人ともよく「真善美」という言葉を使うということです。

Wise Leader というのは、哲学をベースに「真善美」を追求する、そういうリーダー像なのです。一方で今のアメリカをリードしているウォールストリートの連中は、そういうことがわかっているのか、「喉元過ぎれば熱さ忘れる」どころではなく、またバブルを待っているのではないか、というのが、おそらく『ハーバード・ビジネス・レビュー』のメッセージだったのではないかというのが我々の仮設なのです。

Harvard for Japan

もうひとつハーバードがすごいと思った話があります。東日本大震災発生の次の週には、すべての教授と学生に対して、どこに寄付したら良いかというメールが来ました。寄付だけではなく、例えば東日本大震災に関するシンポジウムがあるというしらせもきました。サンデル教授が「Harvard for

Japan」のために、スピーカーを務めました。そこには、二〇〇人ぐらい来ていました。講演自体は無料ですが、Harvard for Japan というロゴの入ったTシャツを一〇ドルで売って、その収益を寄付するわけです。これを学生が主導してやっていました。このような東日本大震災支援のためのジャパン・イベントが、延々と続きました。では、たとえば二年前のハイチのときにこういうことがあったかと聞くと、なかったといいます。四~五年前のスマトラのときにもなかったそうです。今回ハーバードに行ってみて、日本人で良かったなあとつくづく思いました。日本人は尊敬されていますし、日本は好かれている。これは無形の財産だと思います。もしかすると、年を取ってセンチメンタルになっているだけなのかもしれません。でも、街頭で子どもたちが "for Japan relief" と言って、ジュースやクッキーを売るスタンドを出している風景を毎日のように見ました。そして、日本人とわかると、全く知らない人が「Is your family OK ?」と話しかけてくるのです。これは、先人に感謝しなければなりません。きっと何か良いことをしたのだと思います。

最後に、日本を象徴するエピソードを一つ紹介します。三井物産の槍田松瑩会長に「飯島さんを社長に選んだ基準は何でしたか」と尋ねたところ、「人望です」の一言でした。人望という英語はありません。しかし、「人望」というと、日本人は皆すぐに理解できます。こういうところを、我々は誇りに思って良いのではないかと思っています。

グローバル化を支える人財の育成について

ＡＮＡホールディングス株式会社代表取締役社長　伊東信一郎

人財育成の基本は、毎日の職場でどれだけ人が育つのか、職場に人が育つ環境があるのかが大事なことだと思います。人は日頃の仕事の中で育つものです

会社が今後進んでいく、成長していく方向を示して、そこに向かって全体で進んでいかなければなりません。その際に、会社にとって必要な人財の姿を従業員に示し、そこで努力している従業員をサポートしていくことが、会社の役割だと思っています。日本企業全体がそうであるように、私たちのような航空会社も、今後成長していくには、必然として、さらにグローバルなマーケットを目指していかざるを得ない状況です。そういう時代が来ています。

ちなみに、日本の国内線の旅客数のピークは二〇〇六年で、九七〇〇万人が利用しました。もうすぐ一億人に届くかと思ったのですが、二〇一一年は八二〇〇万～八三〇〇万人まで落ちています。約一五〇〇万人の減少です。さらに今後はもっと減る可能性があります。また、新幹線がさらに延伸します。日本国内は人口が減少し、経済の成長が鈍化して企業の利用も減っています。

航空の世界で唯一増える可能性があるのは、ＬＣＣです。関西空港でピーチ・アビエーションという会社を立ち上げ、三月から就航を開始しました。まだ立ち上がったばかりでどうなるかわかりませんが、いまのところ新規需要をずいぶん喚起しています。初めて飛行機に乗る人の多さに大変驚きました。その様子から大きな成長の可能性があると感じております。

データから見る社員の姿

ＡＮＡグループの人事理念のキーワードは「挑戦（チャレンジ）」であり、「挑戦する人財の創造」を掲げています。この理念は、採用・処遇・評価・配置・教育訓練といったあらゆる人事施策のベースになるものです。ＡＮＡ社員の職種には、総合職（事務系・技術系）と、地域限定の特定地上職、客室乗務員、運航乗務員、そして国ごとに条件が異なりますが海外雇用の社員もいます。特定地上職が約一六〇〇名、客室乗務員は全社員の三五％を占めていて、五六〇〇名います。運航乗務員は二五〇〇名で、うち約二〇〇名が女性です。海外雇用社員は一四〇〇名です。

職種別の男女比率は、総合職事務系の女性が約一四％で三〇〇名強。総合職技術系の女性は六三名います。ＴＢＳの「グッドラック」というドラマで女性整備士が取り上げられたことで、一時多くの応募がありましたが、現在の比率は二％程度です。客室乗務員のほとんどが女性ですが、男性が七名います。これは総合職で客室業務を経験するという意味で配置しています。日本人社員の平均勤続年数は、一般従業員の男性が一九・三年、女性が一〇年、運航乗務員が二一・五年、客室乗務員が六・二年となっています。

年齢別人数構成は、二〇～三〇歳代の女性社員が女性全体の約八割を占め、その大半が機内や空港における接客部門の最前線で活躍しています。男性社員には、五〇代と四〇代のふたつの山がありま す。五〇代は昭和五〇年前後の事業拡大期に多くの整備士を中心に採用したこと、また四〇代はいわゆるバブル期の採用によるものです。男女比はほぼ五〇：五〇になっています。

中国・アジア地区には多数の就航地があり（中国一一地点、アジア九地点）、駐在員・海外雇用も多くなっています。米国は八地点（予定含む）でヨーロッパは四地点です。中国には上海に客室乗務員の基地もあり、約七〇〇名の海外雇用社員がいます。

日本で働いている日本人は一万五〇〇〇名で、この中には七〇〇名ほど海外駐在を経験した人がいます。現在の海外駐在員は約三〇〇名です。海外雇用社員は一四〇〇名が海外で働いていて、そのうち五〇名ほどの外国人が日本で働いています。これには外国で採用して日本に来て働いている人と、日本で採用した外国人の両方が含まれています。

ＡＮＡの人事政策の大きな特徴として、懐妊育児休職者数の多さがあります。懐妊育児休職者数は全女性社員の一〇％、七六一名です。客室乗務員は在籍者の一四％を占めますが、これは客室乗務員の妊娠が判明すると同時に乗務できなくなることにも関係しています。復職のための支援策を講じており、二〇一一年の復職率は九三・八％です。日本企業においてこの数字は際だっていますが、厳しい訓練に耐えて客室乗務員になった人財が、退職してしまうのはあまりに残念なことです。戻ってまた活躍してもらえれば、会社にも本人にとっても良いことであることは間違いありません。

グループ経営戦略

二〇一二年、ANAは六〇年目の節目の年として、「強く生まれ変わる」を合言葉に、成長・飛躍の機会を自らつかむべく、改革を進めています。

経営戦略には三つの柱があります。一つは「マルチブランド戦略の確立」で、ANAブランドとエアアジア、ピーチといったLCCのブランドの両方をしっかりと確立させていきます。LCCブランドについては、新たなビジネスモデルとして成功させ、グループ経営に貢献させていかなければなりません。

二つ目は、「構造改革によるコスト競争力強化」です。競合会社が元気になってきている中、ANAもしっかりとしたコスト構造をつくっていかなければ、今後の競争環境の中で生き残れません。そこで一〇〇〇億円ほどのコスト削減目標を掲げ努力しています。

そして三つ目は、「持ち株会社制への移行」です。私たちを取り巻く環境は、大変なスピードで変化しています。そのような環境変化に的確にスピード感をもって対応することで、ANAグループ全体の収益拡大を図っていきます。

これらの柱を担い、支える土台となるのが「人の力」です。私共の仕事は労働集約的で人手間のかかる仕事が多いのですが、この「人の力」の強化こそが、戦略実現のカギだと考えています。ANAでは、以上のことを掲げて経営戦略を走らせています。

先述のとおり、ANAグループには、成田空港と関西空港に二社のLCCがあります。

ANAのお客様がLCCに流れてしまうとよく言われますが、これまでの状況を見ていると、多少の影響はありますが利益が純増しています。ＬＣＣの乗客の半分は女性でが、ＡＮＡブランドでは約三割程度です。それから、二割強が初めて航空機に乗る人です。ビジネスで利用するお客様はほとんど乗っていないようです。

エアアジアのトニーフェルナンデス氏と一緒にやったＬＣＣでは、日本的な考え方ややり方が理解されず苦労しました。他にも外国人のパートナーと仕事をする機会が増えています。皆さん素晴らしい方々ばかりですが、ビジネスとなると極めて厳しい目をお持ちで、一緒に仕事をするのは、正直言って大変です。このようなことを通じ、私たち自身も鍛えられており、人財育成の場にもなっていると思います。

グローバル人財育成策の背景

国際線は中国・アジアが大きく伸びる一方で、国内線はなかなか需要が伸びず、減少傾向もしくは横ばいとなっています。つまり、大きな成長を期待できる分野は国際線です。

また今後、首都圏において羽田・成田の容量が大きく拡大します。特に国際線の発着枠が約一・五倍増えるので、ここに外国社も含めて大変な参入があります。日本の国際線は成田が満杯で、ほとんど増枠がなかった時代がずいぶん長くありました。この間に、上海や仁川が大変な発展を遂げました。本当に遅ればせながら、日本において、特に首都圏において発着枠が広がることは、大きなビジネスチャンスと捉えています。大変な競争ですが、ここでしっかり勝ち残って、ネットワークを拡大していかなければなりません。

私たちがグローバル人財の育成に力を入れる背景には、グローバルな視点で企業価値を高め、この競争に勝ち残るためには、その担い手となる人財が不可欠であるという事情があります。

現在、個別の会社同士の競争だけでなく、三大アライアンスに世界の大手航空会社の多くが加盟し、アライアンス間の競争が非常に激しくなっています。現実に、他のアライアンスからの引き抜きも起きています。

ＡＮＡはスターアライアンスに加盟しています。国際線の仕事に携わっている人間はたくさんいますが、コードシェアの拡大につれ、アライアンスの仕事に割かれる度合いが徐々に大きくなりつつあります。このことはグループの各部門にわたっています。

例えば共同調達という会議では、飛行機の椅子など様々なものを共同で調達することによって、コストメリットを出そうという検討をしています。また、空港のラウンジを共同で使用することや、成田空港のように、アライアンス専用のターミナル化も各地で進んでいます。そうなると、アライアンスの中で、しっかり交渉力を持った人財が必要になってきます。

ジョイントベンチャー（ＪＶ）も重要です。アライアンスでは従来、相手の便に自社の便名を付与するコードシェアやマイレージサービスの相互提携などを行ってきましたが、それがさらに深化しています。

日米はオープンスカイ協定を国同士で結びましたが、その際に独禁法適用除外という判断が示されています。例えば、従来はできなかった運賃の共通化や共同マーケティング、企業契約の共通化など、あたかも同じ会社であるかのような営業活動ができるようになっています。さらにユナイテッド航空やルフトハンザ航空とは、お互いの収入をプールし、あとで分配するようなことができるようになりました。その結果、たとえば太平洋路線では、ユナイテッド航空によって送られた外国人の比率が格段に増えてきました。サンノゼやシアトルなど、新路線のリスクもずいぶん軽減され、新路線に就航しやすい環境もできてきました。

東日本大震災では、日本人の流動が止まりましたが、成田空港をまたぐ北米＝アジア間の流動はほとんど落ちませんでした。ＪＶによって私たちはずいぶん救われた面がありました。

こうした交渉を推進する人財も不可欠となっています。プールした収入を分け合うルール作りや交渉、路線や運賃、運航ダイヤの調整など、いろいろなせめぎ合いがＪＶにはあり、交渉に負けない強い人財が必要なのです。

成長著しいアジアにおいては「アジアの成長を取り込む事業戦略の検討」をしています。ネットワークの拡大やアジアにＡＮＡの運航のための基地を置く、運航乗務員や客室乗務員を現地に置くといったことが検討されています。アジアのアライアンス仲間であるシンガポール航空やタイ航空などと、今後ジョイントベンチャーができないかと模索もしています。

ＡＮＡの成長の柱は、国際線事業規模の拡大です。国際線旅客事業の生産量は、二〇〇九—一三年比で一・六倍に増やしていくつもりです。国際線の事業規模を拡大し、アジア域内の成長を糧とするためには、その成長を支える人財、つまりグローバル人財の育成が、まさに必要なのです。

グローバル人財育成策二〇一一——二〇一三

「二〇一一～一三年度のANAグループの人財戦略」では、「模倣困難な価値は挑戦する多様な人財が創造する」という方針を掲げています。さらに、重点課題として次の五つを挙げています。最初は「グローバル人財の育成」です。これは海外雇用社員も含めた多様な人財が、やりがいを持って働き続けられる風土をつくることです。ふたつ目に「ダイバーシティ&インクルージョンの推進」。その他に、「ANAグループを支える人づくりの推進」「ANAグループの価値観（グループカルチャー）の共有化」「フロントラインの自律と活力を支える組織、仕組みの再構築」を掲げています。

これまでも、社員を社内だけでなく社外の海外事業所に派遣し、グローバルビジネスの経験を積ませてきました。北京大使館、JBIC（国際協力銀行）、ICAO（国際民間航空機関）、東アジア・ASEAN経済研究センターなどに人財を派遣しています。特にスターアライアンス事務局には、力を入れて派遣してきました。常時三～四人の社員が行っています。スターアライアンスは、現在二七社の加盟会社があります。派遣された社員は、加盟会社を指導したり、加盟のためのお手伝いをしたりしています。

その他には留学制度を設けています。いろいろな国への留学がありますが、特にアメリカの大学へ多く派遣しています。同じ留学でも様々な制度があり、すべて会社が負担する制度もあれば、会社から給料は支払われるけれど学費自己負担という制度もあります。また無給で休職し、学費も自己負担で留学する制度もあります。各自に合った制度が利用できるよう用意されています。

今後は、「日本人社員の海外派遣機会を拡大」また、「海外雇用社員が日本や他の地域で働く機会を増やす」など、「人財交流の規模を拡大し、スピードを加速し」人財のグローバル化を進めていく必要があると考えています。

具体的には三カ年重点期間と位置づけて、「ANA Global Talent Program 2011-13」を進めて、グローバル人財育成を加速させています。

ゴールの一つが「ＡＮＡグループ各社・各事業所が、『グローバル対応力』の向上を果たし、意識改革・風土改革を遂げる」です。語学力のミニマム目標レベルを設定し、これを全員でクリアするために、ＴＯＥＩＣの試験を全員受験しています。

それから二つ目のゴールが「とりわけ、『グローバルステージでグループを代表して業務遂行できる』人財を重点養成する」です。仕事の現場で使えるところまで、たくさんの人数を育成することを重点課題にしています。

グローバルな人財像の理想は、「世界とたたかい、よく知られ、愛される」という、曖昧な表現ではありますが、このような人財です。「世界とたたかえる」とは、しっかりした専門知識に基づいて、グローバルな視点で仕事ができることです。「よく知られ」とは、端的にいえば、存在感があり、顔が広いことです。そして同じことを海外でもでき、コミュニケーションがきちんとれることです。それから、自己のよりどころを自社や日本の文化風土に置き、そのよいところを他者に伝えることができることも重要です。そして「愛される」とは、好かれる人であることです。多様な価値観を素直に受け入れ、尊重でき、また未来志向で生き生きと振る舞うことができる人です。これらを「求めるグローバル人財像」として定めました。

国内事業所向けの意識改革では、まず日本人のグローバル化を図ることが重要です。「『全社語学力目標』の設定」として、目標一と二に分けています。目標一はTOEIC七〇〇点を〝標準目標〟として、全員がミニマム目標六〇〇点をクリアすることです。目標二では、さらにTOEIC八〇〇点超を一〇〇〇人以上にすることです。これは、二〇一二年以降の管理職登用試験の要件化にもしています。

その他に、「海外派遣機会の拡大・活用」「『グローバル・異文化コミュニケーションセミナー』の展開」「外国人講師によるプライベートレッスンの社内実施」「各種研修の充実、新任管理職研修へのグローバル化対応プログラム導入」等々を行っています。

昨年は新入社員を最初から海外に配置した例もあります。そのような少し目立つことも含めて、改革していかなければならないと思っています。

また、海外雇用の外国人社員の活用も課題です。活躍のチャンスは日本人にも外国人にも均等でなければなりません。では、どうすれば良いかというと、海外事業所と日本や他国の事業所間の異動の機会を与えることです。人財を発掘し、人財の交流の拡大を図ります。これは本邦にいる社員の刺激になることも含めて効果があります。このようなことはさらに増やしていかなければならないことだと思います。

それから新卒外国人の採用も拡大しています。二〇一二年四月入社総合職事務の外国籍社員は約三割です。総合職は昨年三〇人しか採用していないので、うち一〇人が外国籍ということです。

接客フロントラインのグローバル対応力の強化の点では、多言語化の促進と『グローバル化セミナー』開催などグローバル対応力向上の支援を行っています。これは私たちのひとつの弱みでもあるので力を入れて取り組みをしています。

具体的には、外国籍客室乗務員の配置があります。ロンドン、上海、ソウル、台北では現地の人を客室乗務員として採用しています。さらに他の海外就航地においても配置を検討しています。その他に、言語や宗教・慣習に柔軟に対応するサービスの提供、異文化コミュニケーション・語学力向上セミナーの開催などがあります。

真のグローバル企業に向けて

今後の中長期的な課題も含めて、グローバル企業に向けての取り組みを挙げていきたいと思います。

今後、〝日本のＡＮＡ〟から〝アジアのＡＮＡ〟として成長していきたいと考えています。ＡＮＡの国際線事業は、日本と世界を〝点〟と〝点〟で結んでいますが、中長期的には日本を含むアジアをＡＮＡのホームグラウンドとして捉え、アジアの〝面〟と世界各地をつなぐエアラインビジネスを展開していきたいと考えています。このような時代は遠からず必ず来ると思います。

そこで、そうなるためにするべきことを四つ挙げてみました。

まず「海外雇用社員の幹部人財育成・登用」です。これは当然だと思います。海外のマーケット事情を熟知したスタッフを育成・登用し、現地ニーズをスピード感を持って反映していかなければなりません。

次に「Global で戦える組織の構築」です。海外雇用社員、外国人社員を活用し、内なるグローバル化もさらに進めていきます。そして、まだ実現していませんが、外国人比率五〇％以上、公用語は英語といった社内 Global 特区の設置を、ぜひ試してみたいと思っています。それから国際部門だけではなく、業務サポートなど周辺業務の Global 化も全体で進めていかなければなりません。

三つ目は「Global な人事制度の策定」です。国際間の人財交流や登用を進めるうえで、それを前提とした世界全事業共通の人事資格等級制度、昇進の仕組み等を策定する必要性が当然出てきます。そのために人事制度の研究を始めなければなりません。

四つ目が「グループ経営管理職への外国籍社員の配置」です。これも遠からず行うつもりです。もちろん、役員も含めてです。

ANAのグローバル人財の育成はまだ緒に就いたばかりで、十分とはいえません。単に、日本人社員をたくさん外国に送り、また外国人を日本にたくさん配置したとしても、仕事の進め方など、結果的にパフォーマンスや組織力が落ちては何もなりません。そういうことをしっかりマネジメントできる会社への挑戦をしていかなければならないのです。

新時代のコア人財

帝人株式会社代表取締役社長執行役員　大八木成男

私たちは人を採用し、その人たちを育てます。そして、「人・もの・金・情報」という経営資源のひとつとして、それらの人材を活用していきます。採用した人たちのなかには、私たちの期待に応えて会社の財産となっていく人がいます。これが〝人財〟です。

この〝人財〟という言葉は、生物薬学の分野で活躍した野口照久氏が人材に〝財〟をあてて作ったとご本人からお聞きしました。人材をいかに人財にしていくか、これが課題です。ただ存在しているだけの〝人在〟という人もいます。また、時がたって不良資産化し、〝いる〟だけで罪になったり、すでに用済みとなってしまっている〝人罪〟や〝人済〟という言い方もあるそうです。アメリカ系のIT企業には、こうした〝人罪〟はいないようです。なぜなら、毎年レビューし、そういう人は早期に切り捨ててしまうからと聞きました。それに対し、日本企業の場合、終身雇用制度は影を薄めてきましたが、匠の力を活用して長期間にわたり人を育て上げることに相当の資源を投入しますので、〝人罪〟を抱えると経営への負担はかなり重くなります。

リーダー格をトップとする優劣の構成比は、三：四：三や二：八の法則などといわれています。たとえば、営業部員の販売実績を成績順に並べてみても、やはり、この三：七あるいは二：八の法則があるのと似ています。生物の集団というのは不思議なもので、どうやら優れた人間だけを集めても、またそれが三：七で分布するそうです。誰かすごい人間が出てくると、やる気をなくしてしまう人間がいて、お互いに作用してこのような結果になるような気がします。

人材育成のゴールはＣＥＯ

企業の文化は、リーダーが優れているか否かに大きく左右されます。これはどこの会社でも同じだと思います。したがって、事業を継承し、発展させる人材として、リーダーを育てなくてはなりません。

その作業のスタートはまずは優秀な人材を発掘し、採用することにあります。さて、人材の発掘や育成に定石はあるのでしょうか？　私は人事の専門家ではありませんが、アメリカ系の企業では、採用にあたりＩＱを重要視するそうです。ＩＱとＣＥＯとしての成功度は、正の相関関係にあるとまことしやかに示している資料もあります。日本の企業も、かつてはＩＱの代わりに、偏差値によって序列化された出身校による選別を行い、いわゆる一流大学、有名大学の卒業者を中心に採用していたのも同様の話でしょう。ところが、現在の実態を見てみると、そのような「信仰」は薄れ、ＩＱでも、大学のブランドでも、人の素質を見ることはできなくなっていると思います。資質は大事ですが、時代の流れのなかで事業に問われる資質そのものが変わってきているので当然の話です。企業として、独自の視点から要求する人材の特性を定めていくことが大切ですが、その判断が企業の優劣を決めていくことになるわけで、大変に重要な作業です。

リーダーを育てる次の過程は、採用後の能力開発にあります。当社でも、自社のプログラムのみならず、外部の数多くの教育プログラムなどを提示して、積極的な参画を促し、またある部分は強制的に参画させて育成を行っています。能力開発プログラムは、自社で選択できるわけですから、プログラムの在り方、組み合わせで人材育成の効果が異なることになりますから、真剣に研究する必要があります。

次に経験の場を提供し、仕事を通じて人材を育成するキャリア開発の局面が来ます。これも企業が思惑を持って人材を育成できるプログラムとなります。働く人たちが自らのキャリアを考えるというよりも、企業側が人の育成を戦略的に考えながら配置する向きが強いでしょう。私は若いころ、海外駐在したいと手を挙げましたが、海外研修を除くと一度も聞き届けてもらえませんでした。自分で考えた通りにキャリアを重ねることは、普通の会社のなかでは難しいでしょう。希望をかなえると言って社員に申告をさせますが、大方のケースで満足させていないのではないかと思います。

長い期間のキャリアを積むと、だんだんと小さな組織から大きな組織を統括するリーダーとなることが期待されてきます。課長・部長、さらには、役員に昇進し、常務、専務、社長へと昇進していくわけですが、企業が組織力を高める選択を行うときには、本人の期待の有無はともかくとして、選択は経営陣によってされます。そこで大事になるのは人を選ぶ力、本格的な目利きが必要となります。この力がないと、人材発掘から、人材育成、キャリア開発を経て組織力を高める力をつけた人たちを最終的には優位な人財として生かせないということになります。したがって、最終的には経営陣の〝人選力〟が要となります。第三者の人材の専門家に多面評価を託すことも考えられますが、優位な人財の選択は、自社の文化をどんな人たちに継承してもらうかという決断ですから、経営陣の人選力に磨きをかけることがもっとも大事であると私自身は思っています。

こうした人材育成のプロセスについて、私たちは十分に討議していく必要があるでしょう。人材育成の最終的な目標は何か、それはCEOにすることであり、そこにいたる道筋のなかで数多くのリーダーをどんどん育てていくことです。

キヤノン電子の酒巻久社長が、『リーダーにとって大切なことは、すべて課長時代に学べる』という著書のなかで、伸びる人間の四要素を取り上げています。「自分の夢をもつこと」「仕事への積極性」「やり遂げる執念」「素直に反省できる謙虚さ」と述べています。私もまったくその通りだと思います。しかし、先述の脈絡のなかで考えると、これらの要素は人材育成の過程で教えることができるものなのでしょうか。人が伸びる上で最も大切なことを身に付ける人材開発プログラムとはどんなものなのかについて考えること、ここが人材育成のカギになるのだと思います。

リーダーシップとは何か

リーダーシップ論に関するいくつかの書物を紹介します。

まず、ドラッカーですが、『未来企業』のなかで、リーダーシップについて述べています。「効果的なリーダーシップは、カリスマ性に依存するものではない。カリスマ性はリーダーを破滅させる。柔軟性を奪い、不滅性を盲信させ、変化不能にしてしまう」とあります。そして、彼はリーダーシップの基礎として、まず「組織の使命を考え抜き、それを明確かつ目に見える形で定義確立すること」だと述べています。これは、リーダーはまずもって明確なビジョンを示さなければならないということだと思います。

次に、「人間のエネルギーとビジョンを創造すること」とあります。リーダーは一人では何もできないわけですから、集団のエネルギーを湧き上がらせて、ビジョンの達成を目指します。それを遂行していくのが、まさにリーダーとしての責任だといっています。

三番目は、「信頼を得られるということ」です。集団のリーダーですので、当然フォロワーがいます。フォロワーに信頼されるために、リーダーはスマートさを求めるのではなく、一貫した考え方、一貫した主張を持つべきだと述べています。簡単にいうと、ビジョンをつくり、目標を定めたあとの優先順位、いわゆるストラテジーを考え、集団を盛り上げて遂行し、失敗したら責任を取る、ということだと思います。

続いて紹介するのは、堀紘一氏の著書『リーダーシップの本質』です。ここに書かれていることも、ドラッカーが述べていることとおおむね同様です。基本的には、組織の理念をリーダーが体得せよということを明快に書いています。

堀氏の場合は、ドラッカーよりも具体的に、「ビジョンをつくり、戦略を立て、そのビジョンを達成する。そのときには、手段としての組織や人事体制、あるいはそれを包含していくような企業文化・風土をきちんとつくっていくのがリーダーの役割である」と述べています。そして最後には、

「夢を語れ」「手本を示せ」「チャンスを与えて考えさせろ」「人は誉めろ」などの言葉が並んでいます。リーダーの本質という意味では、ドラッカーと堀氏は同じことを述べていると読みました。

さらに、経営の神様　松下幸之助が述べたことをまとめた『社長になる人に知っておいてほしいこと』という著作があります。これにはトップ層のリーダーが意識すべきことが書かれており、前二冊のリーダー論とは表現の仕方は異なりますが、本質は共通しているように感じられました。

この本は、「熱意の章」「覚悟の章」「信念の章」「素直の章」「信頼の章」「飛躍の章」の六つの章からなっています。「熱意の章」には、トップには誰にも負けない、どの社員にも負けない熱意が必要だと書いてあります。熱意を持つということは人材教育プログラムで教えられますか？　経営の神様はビジョンや戦略というような言葉では表現していませんが、基本的に事業家としての大きな夢があって、「それを達成するために絶対やる」とか「やってやるんだ」という熱意が経営者には何よりも大切だよと教えてくれています。

二番目の「覚悟の章」では、自分自身を叱り続け、失敗したら責任を取らなければならないということを淡々と述べています。一方、三番目の「信念の章」には、確固たる経営理念を持ち、きちんと目標を与え続けてなければならないとあります。これはストラテジーを決めたら、信念を持って最後までやり遂げる集団をつくっていくことでもあります。

また、「素直の章」では、素直な心で真実を見分け、経験で勘を磨けと書いています。このあたりは大変日本らしい表現ですが、リーダーとして大切なポイントです。海外のリーダーシップ論はビジョンと戦略からスタートしますが、基本的なリーダーの特性を「心」で表現する点に感動しました。

さらに「信頼の章」では、「叱られてありがたいと部下に感じてもらえる、そういう社長でいられるか」とあります。これも、とても日本的な独特の発想だと思います。部下に心底信頼されているのがリーダーであり、社長になるような人だと述べているわけです。

そして、最後の「飛躍の章」では、「経営とは、一種の総合芸術である。白紙の上に価値を創造する仕事である」と書かれています。

説得性のある教えを並べてきましたが、ふと考えると、教科書を使って人に教えることができるものなのかなという疑問が湧きます。そこが問題です。私たちの育成プログラムのひとつは経営のツールを徹底して学ばせるものがあります。ビジネススクールの講師に来てもらい、経営理論についてはすべて若いうちに身につけさせ、若いうちに分析や説明もできるようにしていきます。

これに対し、前述の経営トップたちは、「ツールを身につけろ」などとは一言も書いていません。現実の社会にある仕事のなかで、成功させたり、失敗させたりしながら、仕事をさせ、情熱を吹き込み、仲間からの信頼を高めて、もっと飛躍しようと努力する、そういう精神や生き方を将来のリーダーには身につけさせることをしきりに説いているのでしょう。

仕事を通じて人財をつくる

帝人は化学メーカーですが、私は入社してからの大半を医薬関係の部署で勤務してきました。販売する医薬品がひとつもない時代から、販売、研究開発の仕組みづくり、システムづくりなど、いろいろなことを考え、実行してきました。その結果、一九八〇年に初めて医薬品販売をスタートさせ、二〇一二年には、約三〇年を経て売上が約一四〇〇億円、営業利益が約二五〇億円に達するまでになりました。

当時のことを思い出しますと、一九七六年に医薬事業本部が設置され、新規事業としてスタートしたわけですが、その当時の事業トップが言った言葉には、前述のリーダーシップ論や松下幸之助氏の言葉に通じるところがあります。

当時のトップは「新規事業を育て、セミが殻から抜け出すように会社を新生する」という発想をしていたので、未来事業本部をつくり、いろいろな新規事業を手がけました。イランやナイジェリアに原油採掘に行き、ブラジルとマダガスカルには牧場を買いました。なぜ牧場かといいますと、当時は人工たんぱくの研究をしていました。結果、人工たんぱくはできたのですが、それがおいしくありません。そこで海外で牛を飼育し、その肉汁で味付けしようという発想で牧場を買ったのです。化粧品事業、自動車の輸入販売等々とにかくいろいろなことを手がけましたが、ほとんど失敗し、そのなかで残ったのが医薬事業でした。

私は医薬事業の立ち上げに参画し、若い時代を過ごしましたが、当時の事業のトップは大きな夢を語り、若者を叱咤激励していました。私どもにとっては新規事業でも、既存の業界にはたくさんの先達がいます。最大の課題として、「素人がプロに挑戦する」ことだと表現されました。確かに大変な挑戦であって、長い歴史を持つ医薬品企業群にまったくの素人が挑んでいくわけですから、本当に大変なことでした。それでも、新薬創出にチャレンジし、事業としての形をステップを踏みながら、目指すべきビジネスモデルを作っていきました。生意気にも、どうしたら大手製薬会社に追いつけるのかを小集団のなかで考えていました。赤字が続くなかで、新規事業創生のエネルギーを吹き込んだのは、まさに経営者からの事業への情熱と叱咤激励でした。それが徐々に大きな成果を産みだしたのだと思います。

話は変わりますが、私が感銘を受けた本に、伊藤忠の会長を務めた瀬島龍三氏の『幾山河』があります。

瀬島氏は、陸軍幼年学校から陸軍大学校を首席で卒業され、参謀として関わりましたが、戦後は大陸でシベリアに抑留され、昭和三〇年代まで帰国されませんでした。その後、伊藤忠に入社し、会長を勤められ、その後は日本の首相のアドバイザーとしても活躍されたとうかがっています。

その著書『幾山河』に、「参謀の業務」としてこんなことを書いています。「幕僚は、諸資料を整備して、将帥の策案、決心を準備し、これを実行に移す事務を処理し、かつ軍隊の実行を注視す」と。戦時中ですから、「諸資料を整備して」とは、おそらく今でいうインテリジェンス養成教育を経た人材を、戦地へ送り出し、そこから敵情視察の生の情報をもとに間違いない事実を認識し、分析するということでしょう。次に参謀たる者は、「将帥の策案、決心を準備し」とあります。私は、企業参謀といえるような経験はありませんが、企画を担当するなかで、いろいろなプランを策定し、戦略オプションも書きましたが、ここで言われる上役の「決心を準備しろ」という部分には驚きと感銘を覚えました。

最近の若い人は、「やれ」と言われれば、きちんと処理することはできます。つまり、「はい」はできます。その先、戦略オプションを提示して、評価をして、決心を迫る人たちがどれだけ企業内にいるか。私自身も偉そうに言えませんが、それが参謀の業務だとされた教育は是非引き継いでいく価値があると思います。参謀論を続けますと「対応には多くの場合、二つか三つの対策があるはずなので、これを考え、利害得失を整理して、将帥の判断と選択の参考にしなさい」とあります。

さらに「将帥の決断が下った場合、それが速やかに、且つスムーズに実行に移されるよう、幕僚は活動しなければならない。同時に実行と実行後のフォローをしなければならない」とあります。企業参謀もこのレベルにならないと、世界で戦える会社にはならないだろうと思います。

先ほどからリーダーシップ論や精神論の話をしていますが、最終的に輝くリーダーは、このような参謀の経験をさせて、その後トップへの階段を登らせていくべきであると思っています。

どのような人財になってほしいのか

〝人財〟とは、「新しい価値をつくり出せる人」「リーダーとして会社を支える人」です。そのような人財は、「ビジネスの荒波、社内で切磋琢磨するなかから、熱意、覚悟、信念をより高め、周囲より信頼を得て事業に貢献する存在となる」人です。先述の通り、私どもは人財育成の最終的なターゲットはCEOと考えています。「戦略的な参謀の経験を積ませ、CEO候補の域に達するまで経験の場を与える」ことが人財を育てるためには肝要であり、その後の成長はすべからく自分の努力いかんによるということでしょう。

ＣＥＯの「人選基準」

帝人には、アドバイザリーボードという経営諮問会議があります。メンバーは、相談役と私を除き、すべて社外の有識者です。欧米からも優れたアドバイザーを招聘しています。そういう方々が、私がＣＥＯに就任した直後から次期ＣＥＯの人選に入っています。

相当長い期間にわたり、毎年候補者をあげ、評価をするという選定作業を繰り返しています。グローバルに活躍してこられた方々からのコメントで驚くこともあります。私自身が推薦する候補者群は基本的にグループ会社のなかから提出していきますが、「なぜ社外からの候補者がいないのか」と指摘されたことがあります。グローバルな常識と日本人の思い込みとのギャップがあるのかもしれません。このように虚を突かれることがたまにあります。グローバルに経営するということはそういうギャップを乗り越えていくことなのかと思ったりもします。

候補者評価にあたり、やはり工夫がいります。グローバル基準で見るということになると、候補者評価に社外の評価の目を入れる必要があります。世界のＣＥＯ選抜に関わった経験を持ち、かつその時の評価データを持つコンサルタントの支援を得て、世界のＣＥＯと候補者群を比較し、候補者の能力、資質のなかで、何が優れ、何が足りないか、また今後どのように育成したら不足の部分は補いうるのかを定量的、定性的に把握し提示します。こうしたある意味で客観性を確保したうえで、アドバイザリーボードで人選の議論してもらうよう工夫をしています。

私たちが考えているＣＥＯの人選基準には、将来的に向けて人を育てるときの重要な要素が示唆されていると思いますので、ご参考までにお話しします。まず、優れた事業業績をあげているか否かがひとつの基準になります。そして、エネルギーを産み出して人を束ねる求心力、さらには内外に対する優れたコミュニケーション能力等々です。さらにビジネスですから戦略的にビジョンを書きあげ、それに向けた戦略を構築し、なおかつそれを実行し、実現していく実行力が求められます。失敗や大きなミスは優れた業績を上げることと同様に、経験として価値があると理解しています。その後の学びが大切です。そしてグローバルなコミュニケーション力を重視します。ロジカルに簡潔に人との間でコミュニケーションが取れる能力は、顧客のみならず、ＩＲ活動にも大事なことです。言葉はツールですが、こと英語に関しては、ずいぶん早くから管理職昇進にＴＯＥＩＣの条件を入れてきました。管理職昇進時は最低条件の点数を取れればいいですが、将来の役員候補の選抜研修プログラムを受けるためには、ＴＯＥＩＣで七三〇点以上のスコアを求めています。

科学者を育てる努力

帝人では、人財発掘のためにいろいろな仕組みも持っています。そのひとつが、公益財団法人帝人奨学会です。約二〇億円の基金を持っており、国内では技術系の大学院修士課程、博士課程の学生の支援を行っています。最近では中国の北京大学、上海交通大学などの有能な人にも奨学金を支給しています。

そんななか、二〇一〇年に帝人奨学会出身で帝人ＯＢである根岸英一先生がノーベル化学賞を受賞しました。根岸先生に帝人の名誉フェローに就任していただいていることもあり、米国パデュー大学に研究費援助を行い、あわせて帝人の若手の研究者を派遣し、根岸先生にご指導いただくなかで一流の研究者を育成することにしています。

三位一体の人財育成

継続的な人財育成のために「戦略的配置・業務遂行」「ＯＦＦ‐ＪＴ（仕事を離れた教育）」「面接・アセスメント」を組み合わせた、三位一体による育成をコーポレート全体で運営しています。ビジネスにおいてさまざまな育成の機会をつくり、基本的には、いろいろな業種、機能、地域を横断的に経験させることが成長のチャンスにつながるという考え方です。

教育施設としては、富士山麓に富士教育研修所を持っています。これは社員の教育訓練のために理想的な施設をつくりたいという思いからできた研修所です。

グローバル社会のなかでダイバーシティ化を推進する

従業員のグローバルに横断的な人事交流も行っており、採用・育成の拠点は日本、中国、オランダ、アメリカの四極に置いています。また、一九九八年からは、ダイバーシティの観点から、新卒総合職の三〇％以上は女性を採用しています。そろそろ初期に入社した人たちが育ってきましたので、女性管理職はこれから加速度的に増加していきます。女性の活躍推進は、グローバルに発展すべき企業にとって極めて重要です。その理由は多々ありますが、企業の文化に多様性を持たせることによって、企業活動をより活性化させることを期待しています。なかなかできませんが、女性の管理職比率が約三〇％まで増えれば大きな力になります。いろいろな仕組みで数値目標を設定すると男性への差別のように聞こえますが、過渡期の課題対応という意味で、女性活躍を推進することを宣言しています。もちろん、男女を問わず、ワークライフバランスの問題にも積極的に取り組んでいます。

人事のグローバル交流を推進するためには、グローバルベースでの職務分析や重要度に応じたランキング設定が必要になります。また報酬との連結もその上で行っています。データ構築に当たっては、コンサルタント会社の支援を得て、客観性確保に努めていますが、報酬水準が欧米・日本あるいはアセアン等でそれぞれ違うのでオペレーションには難しい点もあります。

また、グローバルに経営を行うために、やはり言語の壁がありますが、会議には同時通訳を入れたり、資料は日本語と英語で用意したり結構手間をかけています。長年継続してくると、社員も慣れてきて、多様な考え方に触れ合い、グローバルな情報交流のなかから新たなアイデアも生まれていますし、グローバルに活躍できる社員もどんどん増えています。

以上で私の話は終わりますが、人財が企業の盛衰を決めてしまいますので、「育成する側」も「育成される側」も情熱をもってたくさんのCEOを育てるべく、人財育成に挑戦することが必要であるということです。最後は「人選力」をつけるために、経営陣も精進を続けることを肝に銘じたいと思います。

第二のグローバリゼーション

ＡＧＣ旭硝子代表取締役社長執行役員ＣＥＯ　石村　和彦

グループの概要

旭硝子株式会社の創立は一九〇七年です。事業ごとの売上比率は、ガラス四六％、電子三二％、化学品二〇％、その他二％であり、大きくはガラス・電子・化学品のビジネスで成り立っています。

海外にはかなり早い時期から目を向けていますが、これはガラスビジネスの特色によるものといえるでしょう。ガラスは非常に重く、単位体積当たりの重量、つまり比重は二・五と鉄の約三分の一。しかし、重いわりに付加価値が低く、海外に輸送して販売しても商売になりません。もともとそういうビジネスなのです。察するに、グローバル展開を始めた当初の目的は、輸送の手間を省くために、市場の近くで製造することだったと考えられます。

最初の海外拠点は一九二五年、中国・大連に設立した昌光硝子社です。これはいわば国策で造ったガラス工場で、戦後すべて接収されました。

当社として戦後最初の海外進出は一九五六年のインドでした。これは、日本企業としても戦後最初のインド進出事例となりました。その後一九六四年にタイ旭硝子社、タスコケミカル社の設立と、東南アジアへの展開が始まります。タイ、インドネシア、シンガポール、そして中国、台湾と展開していった時代です。

ヨーロッパへ進出したのは一九八一年。この年ベルギーのグラバーベルという板ガラスの会社を買収しました。グラバーベルとは「グラス・オブ・ベルギー」、要するに「ベルギーのガラス会社」という意味で、ヨーロッパでは名門のガラス会社といわれていました。一九〇七年の旭硝子創立当時、このグラバーベルからガラスの技術を導入し、旭硝子は初めてガラスを製造しました。そして、一九八一年にその技術を学んだ先の会社を買収したのです。その後二〇〇二年にはＴＯＢによってグラバーベルの株式を一〇〇％取得し、完全子会社化しています。

一九九二年、そのグラバーベルを通じてアメリカに進出しています。その後は、チェコ、ロシア、ハンガリー、そして二〇一一年には南米で当社初の拠点となるＡＧＣガラス・ブラジルの設立を決定しました。

このように、現在では全世界に事業を展開している状況です。

地域的に見ると、アメリカ、ヨーロッパ、日本・アジアという三極で事業運営を行っています。全体の売上高約一兆二〇〇〇億円のうち、アメリカが六％で八一〇億円です。アメリカのビジネスはリーマン・ショック以前から厳しかったのですが、リーマン・ショック以降はさらに厳しい状況です。ヨーロッパが二〇％で、売上高が二四三二億円。日本・アジアが売上高九〇四〇億円で、七四％を占めています。

従業員数は、グループ全体で約五万一〇〇〇名です。アメリカに約三七〇〇名、ヨーロッパに約一万四二〇〇名、日本・アジアは約三万三一〇〇名です。それぞれの地域で似たようなビジネスをしていますが、ディスプレイ用ガラスはお客様が日本・アジアにしかないので、日本・アジア地域にしか生産拠点を有していません。

建築用の板ガラスの分野では、当社グループ、サンゴバン＋セントラル硝子、日本板硝子グループ、ガーディアンの四社で中国を除く世界の六五％のシェアを占めています。上位三社はほぼ拮抗していて、ナンバーワンが三社あるような状況です。ちょっと離れてガーディアンが続きます。

自動車ガラスの分野では、当社、サンゴバン＋セントラル硝子、日本板硝子グループの三社です。この三社で世界の六五％の自動車ガラスを製造しています。

またTFT液晶用ガラス基板の分野では、コーニング、当社グループ、日本電気硝子の三社が大きなところです。ナンバーワンがコーニング。続いて当社グループ、日本電気硝子の順です。コーニングは独走していて、およそ五〇％のシェアを持っています。

PDP用ガラス基板の分野に至っては、当社グループと日本電気硝子の二社しかありません。当社グループがシェア首位です（以上記載のシェアはいずれも当社推計）。

グループビジョンと経営方針——第二のグローバリゼーション

私たちはAGCグループとして最も上位の概念となるグループビジョンを持っています。これは二〇〇二年四月に策定しました。「私たちAGCグループは、先を見据え、よりブライトな世界を創ります」を〝私たちの使命〟としています。

さらにもうひとつ大事なことは、〝私たちの価値観〟です。これは判断に困ったときの基準となるものです。

私たちが企業活動する上で、もっとも重要な価値観に据えているのが「革新と卓越」（Innovation & Operational Excellence）です。

ただ、事業のためにこれだけをやっていればよいというわけではなく、制約条件としてその下に「多様性」（Diversity）、「環境」（Environment）、「誠実」（Integrity）の三つがあります。この三つが事業を運営する際に、ベースとなる価値観となります。そして、常に革新と卓越を追求していかなければなりません。

このように一つの価値観とそれを支える三つの価値観を私たちのシェアード・バリューとしています。このような形で価値観を定義し、事業のいろいろな局面で判断に迷ったときに、これを思い起こしています。

グループビジョンの次のフェーズとして、私たちは経営方針を決めます。これは時代に合わせて変えていきます。

私が社長に就任してつくったのが、現在の〝Grow Beyond〟という経営方針です。これは、就任する二〇〇八年四月より前の、二〇〇七年一一月頃から検討を始めました。まず、様々な分析を行い、世の中の変化の先行きを考えてみました。当然いろいろな変化が想定されましたが、当社グループにとって影響のある変化は何かを考えたのです。

その結果、大きく二つの変化があることがわかりました。一つ目は経済活動の地域的な変化が起こるだろうということ。そして二つ目は、地球温暖化問題、つまりは環境問題が激化してくることです。この二つの変化が当社にとって非常に大きな影響を与えると予想しました。

二〇〇七年当時、もっとも大きな市場はヨーロッパ、アメリカ、日本。つまり、先進国のマーケットが非常に大きかったのです。それが二〇三〇年を想定して分析してみると、まず中国の市場が圧倒的に大きくなり、さらには南米、インドが日本と肩を並べるようになってくる状況を当時予想しました。そして、それに合わせて当社も変化が必要だと考えたのです。

もうひとつは、マーケットとしての変化です。生産拠点も変わる可能性があると考えました。また資源問題の激化も予想されます。当社の場合は、マーケットに近いところ、消費地に近いところでモノを生産するのが基本的な考え方でした。これは現在でも変わりませんが、別の考え方も必要かもしれないと、当時感じたのです。

もし圧倒的に資源価格に差が出てくるとなると、資源の安い地域での生産も考えなければなりません。さらには価格の問題ではなく、資源そのものが調達できない、という問題も起こるかもしれません。実際に二〇一〇年は中国によるレアアース輸出量制限の問題が起こりました。原材料の供給が可能な地域、もしくは価格が安い地域での生産が必要になるかもしれないとも、当時予想したのです。

加えて、地球温暖化問題も考えました。二〇〇七年以前は、製造業が製法を考える前提は、公害を出さないこととコストが安いことの二つが主流だったのではないでしょうか。しかし将来は、CO_2排出量が避けて通れない非常に大きな問題になり、一方で大きなビジネスチャンスになる可能性があることも想定しました。

これらの変化を意識して、ＡＧＣのありたい姿を目指す経営が、経営方針“Grow Beyond”に沿って二〇〇八年からスタートしました。現在の延長線上ではなく、未来のありたい姿を描き、そこから遡って何をしていくのかを考えるという考え方で、経営方針をつくったのです。

二〇〇七年の営業利益を見ると、その時点では過去最高の一九七五億円になっていますが、その内容を見ると半分以上が電子事業です。なかでももっとも大きな割合を占めているのが、ＦＰＤ（フラットパネルディスプレイ）用ガラス。要するにディスプレイのビジネスで大きな利益が生み出されていたのです。見方を変えれば、ディスプレイ事業に依存した一本足打法のビジネスの形態をとっていたといえます。

このような収益源があるということは、私たちにとっては大変幸せなことですが、こんな状況が未来永劫続くことはありえません。やはり、この一本足打法から脱却しなければならない、と考えました。さらに、先に述べたように将来の環境変化を予測し、それに即した方向性も同時に考えました。それが二〇〇八年につくった経営方針“Grow Beyond”だったのです。

経営方針“Grow Beyond”の基本コンセプトは「成長基盤の構築」です。具体的にはＦＰＤ用ガラスビジネスに代わる、新たな収益の柱が必要だと考えました。

しかし、全く新たな素晴らしいものを探し求めようとしたわけではありません。むしろ、そのようなものは無いことを前提に考えました。私たちが持っているシーズや当時の強い事業基盤をベースにして、新たなビジネスを構築する必要を感じていました。だから「飛び地」には行かなかったのです。ただ、まったく同じ事業形態を続けているのではなく、それまでのビジネスをさらに強化し、同時にその周辺で新たな成長機会を求めたのです。その成長機会をつくる視点として、今後起こると予想される変化を取り入れようと考えました。

まず地域的な変化として、新興国が大きく拡大すると考え、新たな成長地域への展開とグローバル経営力の強化を〝第二のグローバリゼーション〟と名づけました。第一のグローバリゼーションは一九五六年から始まった当社の世界展開の時期を指します。今回はこのときとは違い、新たな新興国中心の展開なので「第二」としました。人件費等、生産コストの安い新興国でモノをつくるという考え方ではなく、大きく発展するマーケットとしての新興国でモノをつくるという考え方に変えていくことが、第二のグローバリゼーションです。

そしてもうひとつは、〝ガラス技術立社〟。やはり我々が強いシーズを持っているのは、ガラスの技術です。そこで、私たちが長い間培ってきたコア技術で事業を差別化していくことを〝ガラス技術立社〟としました。

そして、世界規模の温暖化問題の解決を事業にすることを考え、三つ目を〝地球温暖化問題に技術力で貢献〟（後に、「環境・エネルギー問題に技術力で挑戦」に進化）としました。この温暖化の問題をどのようにビジネスチャンスに変えていくか、という視点を入れたのです。

以上の三つの視点を事業の成長基盤とし、経営方針をつくり、さらに前任社長の経営方針であった〝ＪＩＫＫＯ〟（実行）の理念をＡＧＣのＤＮＡとして、浸透・定着化させることとしました。そのために、各人が能力を最大限に発揮できる環境を整え、力となる人材の育成を目指しています。当社では経営方針のなかで〝人は力なり〟というキーワードを用い、人材育成を重要な要素として位置付けています。

私たちにはこうしたビジョンがあり、経営方針があります。そして、さらにそれを具体化していくために、三カ年ごとの中期経営計画、いわば〝三カ年計画〟を作成しています。私が社長に就任して、まずは二〇〇八〜二〇一〇年までの三カ年計画として、中期経営計画の〝Grow Beyond-2010〟というものをつくりました。

〝Grow Beyond-2010〟の〝財務ターゲット〟として、二〇一〇年までの三年間でＲＯＥ（自己資本利益率）一二％以上を達成することを目指しました。二〇〇七年のＲＯＳは一一・七％だったのでそれを維持することとし、一方ＲＯＥは一〇％に届いていないので、グローバル優良企業並みの一二％をターゲットとしたのです。

そして、経営方針〝Grow Beyond〟で定めた「成長基盤の構築」の準備にも取り掛かっています。ただ成長基盤はすぐさまできるものではないので、この三年間は準備を進める期間としました。

また同時に、当時の事業体質・競争力をさらに強化するために、資本効率をより一層重視した経営に重点を置くことにしました、さらには、マネジメント、人材・品質をはじめとしたあらゆる〝質の追求〟が必要になります。そしてもうひとつが、グローバルで技術戦略を策定し、研究開発を実行することです。

このようにして私は〝事業体質・競争力の強化〟と〝成長基盤の構築〟を二本柱とした〝Grow Beyond-2010〟を二〇〇八年四月の社長就任時に発表し、財務ターゲットを二〇一〇年までに達成するべく、活動をスタートさせました。

成長戦略の三つの視点

ところが、二〇〇八年秋にリーマン・ショックが世界を襲います。これを受けて私たちは、市場構造変化が起こると想定していた時期を、当初設定していた二〇三〇年から二〇二〇年に繰り上げました。環境・エネルギー問題もさらにクローズアップされ、新興市場の重要性もますます増大し、資源問題は以前にも増して高まってくると予測しました。つまりリーマン・ショック後、私たちの成長戦略である〝Grow Beyond 施策〟を加速する必要があると考えたのです。

二〇〇八年からスタートしていた中期経営計画である三カ年計画〝Grow Beyond-2010〟は、二〇〇八年九月時点でまったく意味のないものになりました。〝Grow Beyond-2010〟はすぐにでも見直す必要があったので、期間途中で廃棄すると同時に、中期経営計画も二〇二〇年に合わせたものに変更することになりました。この時〝二〇二〇年のありたい姿〟を明確にすることにしたのです。

二〇一〇年二月、「二〇二〇年のありたい姿」を発表しました。その内容は、「AGCグループは、〝持続可能な社会に貢献している企業〟として、差別化された強い技術力を持ち、製品のみならず、生産工程や事業活動全般に亘って環境に配慮し、新興地域の発展にも寄与する、高収益・高成長のグローバル優良企業でありたい」という非常に欲張りな〝ありたい姿〟を明確にしました。

そして、この二〇二〇年のありたい姿に向かって、もう一度「ガラス技術立社」「環境・エネルギー問題に技術力で貢献」「第二のグローバリゼーション」の三つの視点でスタートしようと決意しました。そして、ガラス・化学・セラミックスの技術をコアとして、この三つの視点を発展させることこそ、ＡＧＣグループの成長につながると考え、経営方針のマイナーチェンジをしたのです。

「ガラス技術立社」とは、まさにガラスの技術を深化させることとです。ハイエンドのものをつくる、低コストでつくる、省エネ化をするといったガラスの技術の深化を目指します。また、私たちはガラスだけではなく、化学・セラミックスの技術も持っています。それらを融合することによって差別化された商品を開発します。そしてさらには、ガラス技術を武器とした新たなビジネスモデルの構築を行っていきます。この三点を実行しながら、〝ガラス技術立社〟を実現させたいと考えています。

具体的な取り組み例として、ディスプレイ用の関連部材を紹介しましょう。従来の製品としては、携帯電話、ノートブックパソコン、デスクトップパソコン、テレビといったものがありましたが、今はスマートフォン、タブレット型ＰＣ、スマートテレビに変わってきています。そして、それに合わせてガラスに要求される品質、性能も大きく変化しています。

スマートフォンやタブレットＰＣは携帯して使用することが前提となっており、使用中に落としたりすると割れる可能性があります。しかし、割れては困ります。そのためこれらの製品の表面には、液晶の表示素子とタッチパネルがあるだけではなく、さらにその上に割れ防止のため化学強化ガラスが入っています。このような構造のため、ガラスメーカーにとっては液晶パネル以外の部分にもビジネスチャンスが生まれてくることを意味しています。そのためのガラスを開発してきました。

今後はフレキシブルなディスプレイも必要になるかもしれません。たとえば、曲がるディスプレイなどです。そのような新技術に対応するために、非常に薄いガラスも開発しています。厚み〇・一ミリ、幅は一・二メートルのガラスで、ロールに巻いて出荷できるようにつくられた製品です。

もうひとつ、当社の製品を紹介したいと思います。それは「ドラゴントレイル」です。ドラゴントレイルは、ガラスやプラスチックと比べても、高強度で傷に非常に強いガラスです。これを、先ほど述べたディスプレイの表面を守るカバー材として、スマートフォンやタブレットPCといった新世代のモバイル機器に採用していただこうと考えています。

今後、ドラゴントレイルを含む化学強化特殊ガラスは、ディスプレイ分野以外でも様々なところで使用できるのではないかと思っています。たとえば、自動車のインパネに使用すれば、全面タッチパネルにでき、どこでも好きなところに新しい表示部分をつくることができます。割れやすい普通のガラスでつくると危険でも、化学強化特殊ガラスでつくれば問題が解消されるでしょう。

ソーラーパネルの場合も、既存住宅では重量が原因で設置できない家庭もあるようですが、軽量で強度のある化学強化特殊ガラスを使用すれば非常に軽いものができます。通常の製品の半分程度の重さになるので、設置時間や設置に必要な作業員数も減らすことができます。化学強化特殊ガラスは、今、非常に注目されていると聞いています。

「環境・エネルギー問題に技術力で貢献」では、まず生産プロセスによる貢献を目指します。先にも述べた通り、私たちガラスメーカーはエネルギーを大量に消費する産業なので、真摯に省エネルギーに努め、環境・エネルギー問題の解決に貢献しなければなりません。そのために、できるだけエネルギーを使わない生産プロセスの開発を進めています。

そのひとつが気中溶解窯で、燃焼空間にガラス原料を落とし、瞬間的に溶かします。そのため、非常に小さな窯でガラスを製造することができます。通常の半分程度のエネルギーで製造できるこの技術の開発を進めており、実用化を目指しています。

また、当社グループの有するコア技術を活用して省エネルギーを実現する製品やサービスを提供し、地球温暖化問題の解決にも貢献していきます。具体的には、高効率省エネガラスの開発と拡販です。

複層ガラスと呼ばれているガラスは二重なだけで、省エネ効果はそれほど高くありません。当社が提案しているのは、二重になっている上に、銀などの特殊な金属膜でコーティングしている「エコガラス」です。このコーティングによって熱線を反射することができます。二重ガラスで熱伝導は止められますが、輻射熱は止められません。だから太陽光が入ると熱くなります。そのため、夏場はかえって室内が熱くなってしまい、冬場も室内で暖房している熱線はどんどん抜けてしまいます。しかし、金属膜コーティングを施すことによって輻射熱を防ぐことができます。

現在日本全国にある住宅で、エコガラスはまだ六％しか使用されていません。複層ガラスが二三％程度で、残りはすべて普通の一枚ガラスです。一枚ガラスと複層ガラスをすべてエコガラスに替えると、原子力発電所二～四基分のエネルギーを節約できるほど、大きな省エネ効果があるのです。

二〇一一年の震災による原子力発電所の事故発生以来、日本もエネルギー問題が深刻になり、今や省エネは単なるＣＯ$_2$の問題からエネルギー全体の問題になっているのではないでしょうか。それを解決できるひとつのツールとして、この省エネガラスは大きな武器になるのではないかと考えています。

　またエコカー向けには、軽量化したガラスがあります。ガラスが軽量化されれば燃費が良くなります。それに、曇らないガラスも重要です。電気自動車にはデフロスターがないので、ヒーターで曇り止めをしなければなりません。普通のガソリン車ではエンジンからの排熱でデフロスターが使えるのですが、電気自動車の場合は排熱がほとんどないので、曇り止めのためにわざわざヒーターを使います。冬の朝、曇り止めを効かせてやっと前が見えるようになり、発進しようと思ったらバッテリー切れで止まる、ということにもなりかねません。そこで曇らないガラスが要求されているのです。その期待に応えて、防曇ガラスをつくっていきたいと思っています。

　それから住宅同様、省エネ性能の高いガラスもエコカーには必要です。自動車のエネルギーは、大半を冷暖房に使っているといわれています。暖房については、特に電気自動車ではヒーターを使用しなければなりません。そのため冷暖房効率を上げるには、省エネ性能の高いガラスが非常に重要だといわれているのです。

　そして、「第二のグローバリゼーション」です。二〇一〇年から第二のグローバリゼーション実現のための施策に、ようやく着手することができました。すでに進出している地域でのさらなるプレゼンスの強化と未進出地域への事業展開の二つです。

　進出済みの地域では、ロシアで世界最大級のフロート窯を稼働しています。一日一〇〇〇トン製造可能という世界最大級の窯です。ロシアはヨーロッパで唯一、成長性が高い地域で、収益に大きく寄与しています。

　また、インドネシアも急成長している地域で、基礎材料が不足しています。そこで苛性ソーダのプラントの能力増強を決めました。

未進出の地域で、新たに進出を決定したのがブラジルです。ブラジルでは建築用ガラス、自動車用ガラスを製造することを決定しています。

中国ではずいぶん前から事業を展開していますが、新たにＴＦＴ液晶用ガラスの工場の建設を進めています。これはお客様であるＴＦＴ液晶パネルの製造工場が中国で増えていることに対応するためです。

二〇二〇年の事業は、具体的には売上高二兆円以上の達成を目指しています。二〇〇九年は売上高一・一兆円に対して、新興市場売上高一四％、環境関連売上高一三％、新製品売上高四％という比率でした。それが二〇一一年、一・二兆円の売上高に対して、新興市場が一九％、環境関連一六％、新製品八％と、着実とはいえませんが、徐々に二〇二〇年の目標に向かって進んでいると認識しています。

グローバル経営

イオン株式会社取締会議長　林　直樹

イオンの本質

イオンの歴史で私たちが常に掲げてきたのが、〝競争〟です。競争を排除するのではなく、常に意識し、自らその中に入っていくことこそが、事業の活力を生むという考え方です。競争環境は日々刻々変化します。競争の中でこそ知恵も出るし、工夫も出ます。また、勝者になってもそのポストに安住してはいけないというのが、私たちの考え方のひとつとしてあります。

流通業は、とりわけお客様自身の変化が大変激しい業種です。この変化に対応し、自らをお客様の変化に合わせて変革できる能力がとても大切になります。この〝競争〟と〝変化〟が、私たちにとって非常に重要なキーワードだと思っています。

イオンの創業をいつとするかは難しいところですが、存続会社をたどっていくと、四日市の呉服店「岡田屋」になります。岡田屋は一七五八（宝暦八）年に岡田家が起こした店で、それがイオンの始まりになります。

この岡田屋創業の精神が「大黒柱に車をつけよ」です。これは今日まで伝承され、私たちにとっての価値になっています。

約二五〇年前なので、当然今のようなショッピングセンターではなく行商です。天秤棒を担いで行商するという時代で、明治初期まで続きます。この天秤棒の精神が、受け継がれなければならないひとつの考え方です。お客様の声を一軒一軒聞いて回るという行商の精神は、今日のお客様第一の視点と同じです。天秤棒を担いで歩く行商そのものが、現在でいえば移動店舗のようなものです。

またもうひとつは、立地に対する考え方です。この行商の時代から、次は店舗を構えて商売をする時代に入ります。そのときの岡田屋創業の家訓が、「大黒柱に車をつけよ」です。太平洋戦争前、岡田屋は四日市で非常に繁盛したそうです。しかし、本店の場所は、結果的に四回変わっています。本来、商家でも民家でも、家には大黒柱があり、これは不動のもの、動かないものです。しかし、お客様の住む場所、利便性を考えたとき、立地は絶えず変わっていきます。それに合わせて、本来動かしてはならないものであっても、躊躇せずに動かしていくというのが「大黒柱に車を付けよ」の精神です。この二つが、私たちの考え方のベースにあります。

一八九四（明治二七）年当時、岡田屋は「見比べ勘定帳」という現在でいう貸借対照表をすでに持っていました。一八八七（明治二〇）年の資料では、決算帳簿の一冊に「店舗勘定帳」と書かれていて、第一回から第一五回までの決算内容が記されています。それを見ると、現在の複式簿記に近い形での貸借対照表になっていました。

また、店規則というものもありました。現在でいう就業規則の給与規定、経理規定、店員実務規定です。当時の商家は、奥向きと表との区別があまりありません。個人と公の店に会計上の区分はあまりないのですが、この当時からそこをはっきり区別して、公私の別を明確に分けていました。

この〝公私の別〟が、もうひとつの大事なキーワードになってきます。私が一九七〇年に入社するとき、最初にまず暗記させられたのが、この〝公私の別〟です。企業が永続的に存続していくときに、やはり重要なキーワードになると考えています。

海外M&Aから学んだこと

流通業において一九七〇年代はGMS（総合スーパー）業態の企業が一気に成長していく時代です。当時は、ダイエー、西友、イトーヨーカドー、ニチイなどがありました。後にニチイはジャスコと一緒にイオンになります。

その中でイオン（ジャスコ）は、多角化、国際化という視点で、少し違った成長路線を歩むことになります。その前提にあったのは、のちの時代にやってくるであろう、ショッピングセンター時代で、それを非常に意識していました。

当時の各GMSの創業者はアメリカに一緒に研修に行き、そして一緒に学びました。アメリカの流通業を同じように勉強したのですが、同じ流通事情を学んでも、各社に持って帰る具体的な視点は大きく異なりました。ダイエーならば、小売の主導権を握ることに徹底して挑み、非常に強い会社を人的にもつくっていきます。しかし私たちは、小売業を中心にすえながらもショッピングセンター事業に目を向けました。客観的な事実を見て、主観的な判断が大きくここで変わります。それは持っている企業の人的資産などによる総合的な判断だと思います。しかし、この判断の違いは、今日の各社の違いに出てくるのです。

私たちは、いずれ来るであろうショッピングセンター時代を見据えて、戦略を立て始めましたが、当時の日本にはまだ問題がありました。それは、その頃日本には、必ずしも満足すべき数の専門店が育っていなかったということです。ショッピングセンタービジネスをやるにあたって、これは非常に大変な問題でした。本格的なショッピングセンター時代はもう少しあとになりますが、私たちは消費の多様化、消費者のライフスタイルの変化に対応するために、専門店ビジネスを自らやろうという判断をしました。

専門店ビジネスに取り組むにあたり、二つの柱を実践していきます。それは、企業の買収・提携と自ら起業していくことです。

まず一つ目の柱、企業の買収・提携は、他社との差別化を図るため、海外の専門店に着目しました。そこで当時、タルボットという会社の買収問題が出てきます。いろいろな専門店ビジネスを同時に自身が始めているという事実もありますが、我が社にとって、タルボットというアメリカ企業の買収は、当時としては大変な決断でした。

専門店では、商品はすぐに回転してなくなってしまいます。店舗といっても、他人の店舗を借りているだけなので有形資産がありません。タルボットという会社は衣料品の専門店ですが、ゼネラル・ミルズというアメリカの製粉会社が持っていました。しかし、ゼネラル・ミルズは、本業に特化するためにタルボットを売却するというので、私たちも買収合戦に参画しました。結果として四一〇億円をそこにつぎ込み、日本のマスコミには相当批判されました。当時は、無形資産に対して投資していくという考え方は、あまり評価されませんでした。当社は当時二〇〇億円ぐらいの経常利益を出していましたが、その二年分をそこに投資していくことになります。多くのマスコミ、ならびにアナリストには、「イオンの後進性」、要は「M&Aの世界ではまさに素人で、この買収はリターンのない買収である」と言われました。しかし、ここで大きな成果を結果として得るのです。このタルボット買収がアメリカならびにヨーロッパで大きく成長し、このあと一〇年以上にわたって大きな収益を生み、収益事業の柱になっていきます。

ここで専門店ビジネスのノウハウを多く学びましたが、それよりも、重要な哲学をこの時学びました。それが、「社会貢献」という考え方です。

親会社であるゼネラル・ミルズは、ミネアポリスに本社を構えていましたが、ここに「五%クラブ」というものがありました。「五%クラブ」とは、利益の五%を社会貢献に使い、社会に還元するための組織です。

ミネアポリスには、デイトンハドソンという有名な百貨店があり、同じく五%クラブのメンバーでした。この会社が一九八〇年代にM&Aの脅威にさらされます。そのときに、地域の人たちが買収反対運動に立ち上がり、最終的には買収を阻止することになりました。この事実を見て、社会貢献を行うことの大切さ、重要さを学びました。これは長期的に行わなければ意味がないものかもしれませんが、私たちも「一%クラブ」を設立し、利益の一%を社会に還元していくことにしました。このような発想が、ここから生まれ、今日の「イオン一%クラブ」につながっています。

また、今でもそうですが、当時のアメリカはガバナンスの形が日本とは大きく違います。当時の日本は、どちらかといえば銀行ガバナンスといわれている時代で、銀行がいろいろな形で経営を主導していきました。しかし、アメリカではまったく違うガバナンスの形を体験しました。当然、日本の何人かが役員としても入り、株主としても入ります。当時ゼネラル・ミルズの役員だった方にも引き続き入っていただきました。いわゆるアメリカ型ガバナンスをここで学びました。

専門店ビジネスの二つ目の柱は、専門店を自ら起業していくという考え方です。私たちのGMSには、いくつか商品のジャンルがありますが、そこにティーンズのコーナーがあり、事業部長がそれを専門店化していきたいという社内提案を出しました。結局、その熱意に押されて経営計画が通り、「ブルーグラス」という会社が設立されました。現在は別の専門店と一緒になり、違う社名になっていますが、東証一部上場企業にまでなりました。

このように、自ら立候補して会社を立ち上げるという社内起業が、この時代から始まります。ブルーグラスは一九八四年に設立され、八八年には店内にある子ども向けアミューズメント「モーリーファンタジー」が創業します。これも社内起業です。このように、いくつかの事業が社内から生まれました。この二つは、社内提案してコーナーをつくり、いずれはスピンアウトしていきました。我々は、このような社内起業を奨励しています。企業家精神にあふれた会社をつくろうという考え方があり、いろいろな会社が今後設立されていきます。そこに社内の人材を充てていくと同時に、そういう提案を私たち自身が受けていくことになります。

最近では、「まいばすけっと」ができました。「まいばすけっと」は、神奈川、川崎、横浜、大田区、世田谷区あたりのコンビニがあった跡に出店しています。これも社内の起業化で、七年前に立ち上げました。あまりマスコミ報道に取り上げられるような形ではやっていませんが、七年ぐらいで約四〇〇店舗になっています。二〇一二年度中に五〇〇店舗を達成できるのではないかと思っています。三～四年前は、ちょうどコンビニが整理統合していく時代で、コンビニは立地が変わります。いろいろな出店の仕方をして、リロケーションしていきます。その空いた土地に出店し、ニッチでやり始めると、これが意外とうまくいって、今では七〇〇億円ほどの規模になっています。

このような形で創業の精神を持った社員も、経営者も積極的に社内での起業を行っています。

アジアシフトの展開

このように専門店化、国際化の時代が来ましたが、一方でビジネスもそろそろアジアに目を向けるべき時期が来ました。

一九八三年、マレーシアのマハティール首相が来日したときに「マレーシアに進出しないか」という話をいただきました。当時マレーシアは「Look East」を掲げていて、「日本から学ぶ」ということで、たまたまイオンに白羽の矢が立ったのです。そして、一九八五年六月にマレーシア・タヤブミ店ができました。しかし、これは私たちが考える立地ではありませんでした。この立地での成功は難しいだろうと思いつつ、進出のチャンスをつかもうと、一号店としてオープンしましたが、その後すぐにスクラップしていくことになります。

しかし、マレーシアという国の魅力は、充分理解することができました。今後マレーシアは、中産階級が増えていきます。そもそも私たちは中間層をターゲットとしたビジネスを展開しています。例えばウォルマートやカルフールのターゲットより、少しミドル寄りになります。マレーシアの中間層の成熟度合いを見ていると、少し早いけれども、タイミング的にはよいと考えました。あまり早いと失敗するので、少し早い程度がよいという判断もあり、マレーシアに進出しました。

海外への進出では、基本的にローカル・パートナーを必ず見つけます。単独では、基本的にやりません。地域産業ということもあり、品揃え、人材の登用などトータルで考えると、現地のノウハウを活用していくことが有効になります。必ず現地のパートナーを探すのですが、たまたまそのときは、マハティール首相の紹介もあって、政府系の不動産系会社とのジョイントベンチャーにしました。その後、他国に進出するようになっても、必ずローカルのパートナーを見つけていくことになります。

また、社員の目線もマレーシアへの出店から変わっていきました。海外へ出ていくことが、社内的に当たり前になり、当時はグローバル化の流れを体験しようという学生の応募が増えました。ちょうど、私たちの世代が三〇代で脂の乗り切るところで、そういう年代を中心に海外に出て行くことになりました。

現在GMS業態は、日本以外ではマレーシアと中国の二カ国に進出しています。その他、ベトナム、カンボジア、インドネシアへは二〇一四年予定しています。コンビニのミニストップも海外に出店していて、現在では韓国、フィリピン、中国、ベトナム、カザフスタンへ進出しています。

それ以外にも、イオンクレジットサービスというクレジット会社は、すでにタイ、台湾、ミャンマー、インドなどアジア一二カ国に進出しています。このような海外進出の芽は、この当時から出ていました。

事業の多角化

九〇年代になると、このイオンクレジットサービスが成長をけん引していくことになります。ノンバンクではありますが、この会社は、お客様の決済機能、個人の決済機能を分担する会社で、消費者に特化したビジネスだけで、分割払い、リボ払いを行っています。一部、消費者金融的な側面も持ちますが、私たち自身が肝に銘じていたのは、本業以外に手を出さないことです。クレジット会社もそうで、BtoC で消費者にしか対応していない会社ですが、BtoB の話も当然出てきます。いわゆる企業に対する融資や不動産融資などの話は、とりわけバブルの頃はたくさん持ち込まれています。それについて、社内では大変な議論がありました。BtoB、不動産の場合は、目の前に利益が見えます。私たちはとりわけデベロッパー業をやっているので、そういう不動産の目先のメリットがよく見えます。そこで企業への融資にも進出すべきではないか、という話になるのですが、それは激論の末BtoC に徹することになりました。しかしそれが、結果的にイオンクレジットという会社の比較的順調な成長につながりました。バブルでやけどをしなかったのです。

デベロッパー業も同様で、私たちがショッピングセンターをつくると、たいてい道路の利便性が変わってきます。スーパーマーケットにしてもそうですが、ＡＯＫＩやしまむらも、直接目の前に出店するわけではありませんが、周辺に集まるので、結果として不動産価値が相当上がります。ショッピングセンターの前の土地が上がるのはわかっていますが、転買益を日指した投資は一切しません。その不動産からショッピングセンターをつくる中で収益を確保していきます。本業にのみ特化するのがビジネスの原則なので、それを貫いているのですが、それが今日の結果を導いているのだと感じています。

九〇年代は、買収したタルボット、イオンクレジットが成長をけん引していきますが、ここにイオンモールという会社も登場します。九〇年代は、予想通りショッピングセンター時代の幕開けとなりました。この三社がイオンの中ではとりわけ成長のトレンドに入っていきます。

イオングループの発足

一九八九年、私たちはジャスコからイオンへという政策転換をします。「イオン」という名前にグループ名称を変える中で、もう一度私たち自身のビジネスを構築しようと、次のような理念を掲げました。

それまでの企業理念は、「商業を通じて地域社会に奉仕する」でしたが、それ以外に五つの行動原理がありました。そこから少しアウフヘーベンするように出てきた概念です。「お客さま」を中心に据えて、イオンは人間産業であり、地域産業であり、平和産業であるという考え方です。

ちなみに、「イオン」とは、ラテン語で「永遠」という意味です。ここから「イオンがイオンであるために」という自問自答していくのですが、イオングループがイオン（永遠）であるためには何をしていかなければならないのかという再定義をします。

創業以来、「正しい商売」「公私の別を明確にする」など、倫理的な会社でいるために、いろいろな再定義をしていますが、ここで大きな転換を迎えます。まず、「企業はだれのために存在しているのか」を考えてみます。この頃、「株主のためだ」といわれましたが、そうではなくやはりそれはお客様です。お客様の変化にどのように対応していくのかが問題で、それに対応できてこそ、企業は存続できるのです。

経営においては、短期的な利益よりも長期的なものの考え方が必要です。社内的にも、ものの考え方の三原則があります。一つ目は、長期的にものを考えるときと短期的にものを考えるときとでは結論が違うときがありますが、そのときは長期的な視点で出た結論が、私たちのとるべき道とします。二つ目は、多面的にものを考えるときと一面的に考えるときとで結論が違う場合には、多面的に考えてよしとするほうに従います。三つ目は、根源的に考えたときと、表面に表れる現象面で考えたときとで結論が違うときは、根源的なものに立ち返ります。

話はそれますが、企業を存続させるには「公私の別」が、非常に重要だと思っています。私たちの会社は、年末の贈答品などを商売としては売りますが、会社としては何もしません。中元・歳暮を贈ることもありませんし、受け取ることもしません。そういうルールをつくり、導入しました。そのときは、届いたものを送り返したりして大変でしたが、儀礼的なことはやめました。

流通業では、競争で負けてしまった会社もたくさんありますが、企業が倫理的に崩れて人心が乱れ、今でいうガバナンスが崩れて負けていったケースも多く見られます。私どもが提携合併する際に、いろいろな会社の内容を見るのですが、そのような例を数多く目にしました。ここは非常に重要なポイントだと思います。

そして、二〇〇〇年代に入ります。この当時、GMSという業態が衰退しはじめ、活力がなくなっていきます。専門店や大型専門店のようなカテゴリーキラーに打ち負けていき、GMSという業態が低収益に入っていきました。

一方で、ショッピングセンタービジネスをブラッシュアップしていく中で、国の法体系が自由化の方向へ変わっていきました。大店法という大規模小売店舗に対する規制が、ここで緩和されていきます。日本の流通業で、大型店の出店に関して緩和された時代は本当に少ないのです。

日本の流通政策は、大きいところを規制して、小さいところに補助金を出す方式です。大きい店舗の出店を規制すれば、中小型店の成長を助けられるというロジックです。それは昭和三〇年代に百貨店が出てきたときから同じです。百貨店という業態が大成長していき、その時代から大きなところをとにかく規制していきます。その間に中小小売店の成長を促すということですが、日本はその促す部分が政策的にできなかったので、結果的に規制強化の時代がずっと続きました。

一方で、世界全体は規制緩和の方向へ向かっていました。日本の規制緩和は、二〇〇〇年代になってようやく、大店法の緩和が一気に行われました。この追い風を受けて、私たちが進めてきたショッピングセンターの開発が、当社においては促進されていきました。とりわけ郊外型ショッピングセンターを私たち自身も開発していくことになります。

これは、アメリカを視察して、何を自分たちのビジネスにしていくかという主観的な判断の他に、戦略的にこのショッピングセンター時代をきちんとつくり、ビジネスの主役になるために、準備をいろいろしてきました。ここから郊外型ショッピングセンターの多くがイオンでつくられるようになっていきます。おそらく今、郊外型ショッピングセンターといわれるものの四分の三程度がイオングループのショッピングセンターになっていると思います。最近でこそ日本全体の成長鈍化が見られますが、二〇〇〇年代は、ショッピングセンターがもっとも花開く時代になっていきます。

二〇二〇年に向けた経営戦略

二〇二〇年に向けて、中期経営計画として、アジアシフト、大都市シフト、シニアシフト、デジタルシフトを掲げています。

これから先、イオンは明確にアジアへ体制をシフトしていきます。また、地方も大都市も含めてですが、札幌、仙台、福岡など、人口も集中している大都市へのシフトに対して、私たち自身も業態開発も含めて進めていきます。

シニアシフトの目的は、高齢化した社会で「シニア世代をどうターゲットにするか」です。今まではアクティブシニアという分け方をしていましたが、いまはこの世代を当社はグランドジェネレーションと呼んでいます。よく「グランドジェネレーションとは何か」と聞かれますが、この「グランド」は上質な生活という意味です。この世代を消費に向かわせなければ日本全体が沈没していく、という危機感も併せ持つと同時に、私たち自身がここに対して提案できていないという意味でも挑戦していくべき分野です。

デジタルシフトは、明らかに世の中がデジタル化している中、そこに対して私たちの対応が不十分だという意味で、ここに目を向けていきます。

アジアシフトでは、日本本社、中国本社、アセアン本社の三本社体制に致しました。日本と中国とアセアンという体制を早急につくり上げ、海外の活動も活発化していきます。

一九八九年にイオンへと転換した際、同時に社会貢献をより明確にするために「イオン一%クラブ」と「イオン環境財団」という組織をつくりました。「イオン一%クラブ」では、地域の文化振興や青少年の国際交流などを行い、「イオン環境財団」では植樹活動をしています。

イオン環境財団で行っている植樹は、大きな取り組み課題となっています。植樹活動を二十数年続けて、植樹本数も二〇一二年度一〇〇〇万本になります。また、植樹をしているNGOに対する支援活動に力を入れています。イオン自身も、伐採などによる森林破壊を防ぐために、木を植える活動をしています。

イオン環境財団は公益法人ですが、一%クラブはイオンがイオングループの中で継続的に利益を出している会社から、税前利益の一%を拠出して地方の文化の継承と国際的な人材交流を行う組織です。ベトナム、ネパール、カンボジア、ラオス、ミャンマーといった国々で学校を建設し、三五〇校ほどになっています。

なぜこのような活動に力を入れているのかというと、それは企業の社員のマインドの問題であります。経済活動で利益を出すだけでは、なかなか企業に対する信頼性やロイヤリティは、生まれてきません。社会的にも良いことをしているという意識が大事です。例えば、イオン財団では万里の長城に木を一〇〇万本植えていますが、そういう活動には従業員も当然行きますし、お店のお客様も一緒に行きます。このことを通じて、社員のモチベーションも向上していくわけであり、同時にお客さまからイオンに対しての信頼性が高まっていくわけです。これは長期的に見ると、ロイヤル・カスタマーをつくっていることになります。そのため、非常に大事な活動として私たちは位置づけています。

二〇一一年の東日本大震災のときも、店頭で募金すると一度に二十数億円集まりました。私たちイオン一％クラブの仕組みでは、募金で集まった金額と同じ金額をイオン一％クラブとして出して、合わせて四〇億円にします。そして、それにイオンの社員の寄付を入れて、およそ五〇億円の規模になりました。そしてそれを被災した各県に配りました。

商売も正しい商売をし続けることと、それとは別に社会に貢献することが、従業員のロイヤリティ、モチベーション、それにお客さまとの信頼関係をつくっていくのだと確信し、このような活動を続けています。

グローバル価値の追求

株式会社ＬＩＸＩＬグループ取締役代表執行役社長兼ＣＥＯ　藤森　義明

米国型企業経営の評価

私はＧＥ（General Electric）に二五年間勤めていましたが、同社にはジャック・ウェルチという経営者がいて、私は彼の経営概念をずいぶん深く叩き込まれました。ウェルチと一緒に十数年、そして、現在の会長であるイメルトに引き継がれてからの一〇年、計二五年間勤めました。この二人の経営者と接した上で、アメリカの経営について考えると、株主資本主義や超金融資本主義、短期収支型といわれるアメリカの経営も、実際には長期的視点に立った変革と人材育成をベースとした企業の経営を心がけているということです。ＧＥだけではなく、ＩＢＭ、マイクロソフト等、アメリカで優秀な企業といわれる製造業は、みなこういった長期的視点に立った経営をしています。

ＧＥは設立一三〇年で、イメルトが九代目のＣＥＯになります。一三〇年を単純に九人で割っても、一人が一五年ぐらいはＣＥＯをやっている計算になります。ウェルチが二〇年、イメルトもすでに一二年です。

ウェルチが、「大きな会社は、三～四年という単位では変革は起きない。変革を起こすための基礎ベースで五年、変革が起き出すのに五年、実際に大きな船が舵をとって右から左に動いていくのが五年と、長い単位でものを考えなければ、会社の本当の意味での大きな変革は起きない」と言っていたことをよく思い出します。

ＧＥはエジソンが設立した会社ではありますが、初代会長コフィンの頃から、人材育成に大変力を入れています。初代経営者は「成功のカギは、エジソンがつくった技術ではない。会社の資産とは人である。その人をいかに育成するかで、会社の将来性、サステイナビリティが決まる」と伝えています。その思想が、二代、三代と受け継がれ、五代目に大きく集大成されます。一九五六年の五代目のときに、クロトンビルという大きな研修所ができました。そして、コフィンから始まったＧＥのリーダーシップ教育が最高潮に達したのがウェルチのときではないかと感じています。

ＧＥからＬＩＸＩＬグループへ

私はウェルチの基本的な考え方を身につけて、マネジメントをしてきました。しかしある時点で、日本の企業を変革してみたいという気持ちになりました。六〇歳になった時点で、「日本の企業をどうやって変えるか」「ＧＥの継承が日本の企業で成り立つのか」「日本人そのものがＧＥのような手法で育っていくのか」を試してみたいという思いがありました。そして数年前に、たまたま潮田会長と出会い、二〇一一年から日本の会社のＣＥＯを務めることになりました。

ＬＩＸＩＬグループという会社は非常に面白い会社です。ＬＩＸＩＬとは造語で「LIVING」と

「LIFE」を掛け合わせたものです。もともとLIXILグループは「住生活グループ」と呼ばれていました。その住生活、住（Living）と生活（Life）の二つのLIを掛け合わせてLIXILです。

傘下の株式会社LIXILは現時点ではひとつの会社ですが、二〇一一年までは五つの別々の会社でした。会社を統合するときに、ホールディング会社を作り、例えば傘下に五社を置いて、その五社の強いところでシナジーを発揮していくという経営の仕方もあると思います。しかし数年前私は、本当に会社の収益を増やすためには、会社をすべて分解し、トステムであろうと、新日軽であろうと、社長をすべて解任し、会社の名前を取り、最初からひとつの大きな会社をつくるしかないと考えました。潮田洋一郎会長も同じ考えだったので、トステム、INAX、新日軽、サンウェーブ等、すべて分解して、ひとつの会社にしました。それによる長所も短所もありますが、三～五年という長期的な視点でみると、やはり分解してひとつの会社にしたほうが経営の効率は上がり、資源の有効配分もできるのではないかと思います。

LIXILグループの強み

今までは、トステム、INAX、サンウェーブといったブランド力がありました。さらにサッシ、キッチンではナンバー1、トイレではナンバー2と、どの製品群をとってみても同じように優秀な成績を挙げています。

建材をすべて供給できることで、日本では非常によいポジションにありますが、残念ながら日本は閉塞された社会です。これからは、日本だけを見ていては成長が果たせません。ウェルチの戦略とは、ナンバー1になることですが、これはグローバルでナンバー1ということです。日本でナンバー1であっても、グローバルに目を向けなくてはなりません。

LIXILグループの中期経営ビジョン

大きな問題は、海外進出の遅れと国内の高コスト構造の二つです。これらを解決するために、私たちは基本的な戦略を立てました。

二〇一一年四月、当時一兆二〇〇〇億円だった売上を三兆円にすること、また三％強だった営業利益率を八～一〇％にすること、さらにグローバルに出ていくために企業文化のグローバル化、という三点を大きな目標として掲げました。そして、LIXILは東日本大震災の数週間後である二〇一一年四月にスタートしました。

変革の三本柱

経営の三本柱は、「グローバル化」「国内事業革新」「構造改革」です。

当時、アメリカンスタンダードのアジア・パシフィック部門という売上高わずか四〇〇億円程度のグローバル企業を買いました。そしてこのアメリカンスタンダードを売上高一兆円にするという大きな目標を掲げました。

国内も停滞してはいますが、停滞の中に新しいものを見つけていくために、事業革新を行います。キーワードは〝リフォーム〟〝環境・エネルギー〟で、国内売上高一兆円を目指します。

また国内事業の統合などによる構造改革によって、国内の営業利益率を三％から八％にします。そんなことができるのかと、社員や外部の投資家たちにも言われます。しかし、例えば五年後に手が届くような目標では、大きな変革は起こせません。変革とは、非常に大きな労力を要するので、「とてもできそうにないけれども、ひょっとしたらできるかもしれない」というぐらいの目標を置かなければ大きな流れはつくれません。これは私の就任前に決定されたものですが、このような大きな計画に私も賛成しました。

ウェルチも常に「人間や会社の可能性は無限にある。無限にあるけれども、中期計画や長期計画を立てた瞬間に、その会社の成長が止まってしまう」と言っていました。あくまでも高いところに目標を置いていかなければ、大きな変革は起きないという、ひとつの例でもあると思います。

グローバル経営の哲学とＬＩＸＩＬの実践

このような状況で、グローバルに文化を変えていくためのグローバル経営哲学が、「ローカル化によるグローバル化」「ダイバーシティの促進」「世界共通のコアバリューと人事制度」「グローバル人材育成」「リバース・イノベーション」の五点です。これはＧＥのグローバル経営の哲学とまったく同じです。日本のＬＩＸＩＬという会社で、これと同じ哲学が通用するのかが、私のチャレンジでもあり、これを実践するための組織改革、人材を育てようと考えています。

グローバル化とは、日本人が世界一〇〇カ国に出ていくことではありません。世界一〇〇カ国の人をどこまで使えるかです。これが本当のグローバリゼーションです。そして世界の一〇〇カ国の人を使うためには、一〇〇カ国一人ひとりの違いを認識し、そしてリスペクトしなければなりません。そのような文化が生まれなければ、つまりダイバーシティという文化が生まれなければ、グローバリゼーションは起きないのです。

ダイバーシティを持った人たちのグループをどうやってまとめていくかが企業理念であり、LIXILにとっては世界共通のLIXILバリューです。世界に三〇万人の社員がいるGEでは、一五万人がそれぞれ違った国籍を持っています。そして彼らを唯一結びつけるのがGEバリューでした。GEの価値観を持った人がみんなに慕われ、みんなを率いていくという考えです。それと同じようなことをLIXILでもやっていこうと考えています。

グローバル人材育成はもとより、日本の技術が海外に出ていくのではなく、海外の技術者を育成して、海外の技術者が発明したもの、海外の技術者が発見したものを日本で取り入れ、そしてそこから世界に向かって発信していくという、リバース・イノベーションという形態をとらなければ、本当の意味でのグローバリゼーションが起きてこないと思います。

海外事業——近年実施したM&A・提携（海外）

グローバリゼーションというと、M&Aが必ず頭に浮かぶと思います。私たちの会社も同じように、大きなM&Aをやっています。ここ二〜三年にわたって、一〇〇〇億円級の会社、数百億円の会社、日本の会社も含め五社買収しました。それらでグローバルビジネスの核をつくっていきます。

二〇一一年一二月にM&Aを実施したペルマスティリーザは、ビルのカーテンウォール（ガラスとアルミでできた外壁）で世界ナンバー1の会社です。世界に三〇カ所の拠点があって、製造をし、加工もし、そして営業もしています。例えばオーストラリアでいうとオペラハウスはペルマスティリーザが手掛けています。また芸術・美術関係、超高層のちょっと変形したようなデザイン性の高いビルは、ほとんどがペルマスティリーザです。さらに、例えばプラダやブルックスブラザーズなど、皆さんがご存じのブランドショップのインテリアを含めた内装を世界中で請け負っています。だからアメリカでも、ヨーロッパでも、日本でも、プラダの店内はすべて同じです。そのデザイン、エンジニアリング、施工をペルマがやっています。つい最近では、ドーハの空港のビジネスクラス、ファーストクラスラウンジの内装を全部引き受けました。ビルや美術・芸術的な建物の世界一流の会社を買収することによって、会社にいる人たち自身が、グローバル感覚を身につけるのに役立つのではないかと思っています。同じような業種では、中国の上海美特カーテンウォール社も買収し、ペルマスティリーザと同時に世界進出しています。

ハイアールは、中国最大の電機電子メーカーで、日本でいえばパナソニックのような会社です。日本の電子電機メーカーで建材業界に入ってきたのは、パナソニックだけなので、東芝でも日立でもなく〝パナソニックのような〟としました。

パナソニック電工は、〝家丸ごと〟という戦略です。家は、基本的に建材と電機で成り立っています。建材と電機を制すれば家はすべて制することができるので、パナソニック電工は、小規模ながらそういう戦略をとってきたのです。

私たちは建材のほうから電機へ、ハイアールは電機のほうから建材へという考えを持っていて、お互いの意図が通じ合い、電機と建材の融合ということで、ハイアールと合弁事業を持ちました。中国に限ってですが、ハイアールと〝家丸ごと〟戦略を実践するつもりです。

日本でも、シャープと緩い提携を結びながら、電材と建材の融合とを図り、家丸ごと戦略をやろうとしています。これは合弁事業だけではなく、自ら出ていったひとつの例です。

グローバル化の課題

グローバリゼーションといっても、それに適した人材はなかなかいません。またM&Aをしたペルマスティリーザやハイアールの人たちを、うまく活用できるかというとなかなかできません。本当のグローバリゼーションでは、一〇〇カ国の人たちをいかにまとめるかも非常に重要です。それができる人材も現時点ではいません。また人事システムも、既存の年功序列型は海外ではまったく通用しません。これらすべてを変えていかなくてはならないと考えています。

日本企業がグローバル化を進展させるためには、変えてはならないものと変えるべきものを峻別しなければなりません。また、グローバル展開の中で補完したい主な発想、つまり不得意とする戦略は、「ブランド戦略」「ポートフォリオ（特に撤退売却）戦略」「基本事業モデルのイノベーション」「ニッチ型展開（グローバル規模での展開）」「バリューチェーンの発想」が挙げられます。

LIXILがスタートしてから、もっとも問題になったのがブランド戦略です。社内にはマーケティング部門がありませんでした。日本全体として、ブランド力をどうやって強くしていくのかが問題になりました。

それからポートフォリオ戦略です。日本は買うのは好きですが、捨てるのも好きですが、なかなかなかなか捨てることができません。捨てるものもあり、買うものもあるので、やはりポートフォリオを変えながら戦っていかなくてはならないのです。

日本はモノづくりには非常に強いけれども、モノづくりはスマイルカーブの下の、付加価値があまりできないところです。しかしサービス、デザインなどは付加価値が高く、またモノづくりと一緒にできます。同友会の中ではモノづくりがグローバル・バリューチェーンの中でいかに付加価値の高いところにまで入っていけるかが課題だとしています。

GEは大企業といわれていますが、実はそうではなく、ニッチの産業の集まりです。例えば大きな火力発電所を造るのに五〇〇〇億円必要だとします。GEがつくるのは、心臓部分のタービンだけです。タービンは、世界で三菱重工とGEとシーメンスの三社しか製造していません。しかし、ここがいちばん収益力の高いところです。これをいったん据え付けると、三〇年間のサービスがついてきます。GEは全体を造るわけではありませんが、心臓部分の三社しか競合できないところで高収益を挙げています。

世界で五〇%ぐらいのシェアを取るという、そういうニッチ戦略がなかなかできないのが、日本人です。すべてをやることが非常に好きな民族なので、これを変えなくてはいけません。

グローバルの組織

各国のリーダーは、中国では中国人、アメリカではアメリカ人にしていますが、彼らがいかにLI

XILに対してロイヤリティを高く持つかがポイントになります。私は日本人で、ずっとアメリカにいましたが、日本に帰ってきてもGEに対するロイヤリティを変えずに、日本をGE化していくことを目指してきました。それと同じように、中国ならば、素晴らしい中国人を育てていかなければならないと考えます。

LIXIL ASIAにはリーダーが一四人います。この一四人の中で、海外（中国以外）の学位を持っているのが一〇人です。それから女性比率、ダイバーシティ比率が五〇％近くあります。このような環境で、グループを育てると、力が非常に強く発揮できます。

ここに多くの日本人が入っていくと、日本の会社みたいになってしまって、なかなか強い会社をつくれません。しかし現地のリーダーたちに任せておくと、ものすごくクリエイティブでダイナミックな文化が出来上がります。これを世界中、あるいはアジアで、どのくらいの単位でつくれるかで、私たちの将来性が決まると思います。

LIXIL VALUE

そのような異なる人たちをひとつの方向に向けるのが、GEではGEバリュー、LIXILではLIXILバリューです。LIXILバリューは九つあります。「目標達成への熟意」「変化し挑戦する」「迅速な行動」「あくなき向上心」「オープンな組織」「誠実で公正な行動」「品質至上」「無駄の徹底排除」「チームワークと人材育成」です。考えてみれば、これらは当たり前のことだと思います。でも逆に言うと、こういうバリューを持たない人はついていけません。

どんなバリューにしろ、明文化してみんながそれをわかるようにしてあげることが大事だと思います。ウェルチは三〇万人に対して、そのバリューを徹底的に理解させせました。そしてこの三〇万人がこのバリューを完全に共有したときに、それを実生活で体験したときに、初めて会社が大きく変わっていくという使命を持って、このバリューの徹底を自らも含めてやっていきました。

ウェルチは、最初にバリューを説明します。そして説明するだけではなく、これをベースに質問状を六〇項目ぐらいつくって評価をします。それからもっと極端にやったのは、バリューに沿った行動をとらない人をその場でクビにすることです。そこまですることによって、バリューがいかに大事かをみんなの前で示して、バリューの実現を促していきました。

ＬＩＸＩＬバリューのなかで実現が難しいバリューが「変化し、挑戦する」です。つまり変革することです。自らを変え、組織を変え得る力を持っているのかということです。

「誠実で公正な行動」は、どんなにすごい成績を上げたとしても、ズルいことをしたらその場でクビにするという、フェアプレーの気持ちです。

「オープンな組織」のひとつには、情報をシェアするということがあります。情報を抱え込む人、組織を抱え込む人といった人は、ウェルチは本当にその場でクビにするくらいの対応をし、徹底的にオープンな組織という考え方を身につけさせせました。

このようなバリューのある人、人を惹きつけ人を育て、そしてその人をベースに結果を出せる人を強いリーダーとします。人を見てどこが欠けているかを判断し育て、そして適材適所のキーポジションにつけていきます。

どうしてもついていけない人たちは組織から出して、組織に新たな人を入れることによって、組織の中の対流を起こします。そのような仕組みで実践主義の文化、メリトクラシーを徹底して行います。組織の対流が起こり、新しい人が入ったとたんに、AとBの分布が変わったり、Aの人が次の高いステップに出ていったりしたときに、次のBの人がAになれるパイプラインができているかが、常に人を育てるための大切な部分だと思います。

グローバルに通用する企業文化

私もいまLIXILの中で、どのような企業文化にしていくべきなのかを考えています。基本的な考え方はダイバーシティです。例えばチームAとチームBがあるとします。チームAは一〇人のチームで、全員四〇歳代の東大卒という、いかにも強そうなチームです。チームBは女性もいて、若い人もいて、中国人もいて、年代の離れている人もいるとします。もちろん最終学歴もバラバラです。このチームAとチームBのどちらが、最終的に力が強いでしょうか。それはやはりチームBだと思います。チームBのようなチームを率いることができる人のつくったチームは、創造力があり、エネルギッシュで、その面ではチームAよりはるかに優っています。世界で勝つためには、エネルギーと創造力の二つが非常に重要になります。その基本を成すものがダイバーシティだと思います。

そのダイバーシティがある環境では、若い人、経験のある人、あるいは女性と男性、中国人と日本人と様々な人たちがいます。では、そのような人たちの評価はどのように行えばよいのでしょうか。それは、〝人を惹きつける力〟と〝実行できる力〟です。この二つが基本的なルールメイキングとなり、これをベースにすべての人が平等に競争できます。日本人の私でも、ＧＥの中ではトップシニアになれますし、中国人にも同じような機会を与えています。その条件が〝人を惹きつける力〟と〝実行できる力〟があることです。ひとつのルールに基づいて行動し、勝った人が上がっていくという、平等のチャンスと実践主義という文化をつくっていけば、非常に強いチームがつくれると思います。

多様性が生み出すエネルギー、創造力を経営に活かし、公平で公正な環境の中で、誰もが現状に満足せず、自らが課す高いハードルを次々に越え、きちんと結果を出し、それが正当に評価される会社にしたいと考えています。これを上から下までずっと下ろしているところです。

私自身も、全員がＬＩＸＩＬの中で変革を起こす人になってほしいと思っています。変革を起こそうとすると、ベルカーブが生まれます。きわめて少数の一～三％ぐらいの人が変革を起こせる人で、二〇％ぐらいは変革に早くついていける人で、必ず一〇％ぐらいは変革を嫌う人がいます。そして、その他のほとんどの人はその間で様子を見ている人たちです。私たちのやるべきことは、この一～三％程度の変革を起こせる人をいかに育てていくかと、変革に早くついていける二〇％の人の力をいかに使って残りの六〇％を動かすかにあります。ここが非常に重要な要素だと思います。

ブランド価値への誇り

株式会社資生堂代表取締役会長兼執行役員社長　前田　新造
一橋大学大学院商学研究科教授　伊藤　邦雄

ブランド戦略のグローバル化

伊藤　今、日本企業が直面する大きな課題の一つが「グローバル化」です。もう少し具体的にいえば、新興国でどのように自社のプレゼンスを高めていけばよいか。資生堂はグローバル化の波が押し寄せるはるか以前から新興国に進出し、まさにグローバル化の先兵だと思います。「日本をオリジンとしアジアを代表するグローバルプレーヤーを目指す」というビジョンを掲げ、現在八九の国々でオペレーションをしているとお聞きしています。現在の状況をお聞かせください。

前田　私は資生堂がきわめて優秀なグローバル企業であるとは認識していません。まだまだやるべきことは道半ばの点が多い会社です。

資生堂の海外進出の歴史は、今から五〇年以上も前に始まります。一九五七年、最初に台湾に進出しました。そこからインドネシア、シンガポール、マレーシアへ進出していきます。一九六〇年代に入ると、タイ、香港、韓国、そしてハワイ、アメリカ本土へ進出します。そして初のヨーロッパとなるイタリアへの進出も実現します。そこから徐々に進出国を増やしていきますが、特徴的なのは、髪の毛も皮膚の色も近いアジアの国々がスタートラインになったところだと思います。

その当時から二〇〇〇年頃まで、総売上高に占める海外の連結売上高は一〇%前後か、それに満たない時代がずっと続きます。二〇〇〇年代に入ってやっと二桁になり、二〇〇四年あたりから二〇%を超えて、現在は四四%です。

「日本をオリジンとしアジアを代表するグローバルプレーヤーを目指す」という資生堂のスローガンがありますが、それを打ち出したのが二〇〇七年です。二〇〇七年のレートは、ユーロで見ると約一六〇円、ドルで見ると約一二〇円だったので、現在の海外売上高をそのレートで換算すると五〇%を超えます。今は強力な円高なので四四%になっています。

一九六〇年代にアメリカとイタリアに進出しましたが、当時の国際部や外国部は、まさに会社の傍流でした。英語ができればその仕事に就くという程度で、主流はあくまで国内の化粧品事業です。それも多くの店数を抱えている専門店を担当するのがエリートだと私たちも理解していました。当時は海外事業といえば外れた仕事という印象でしたが、今では主流中の主流に大きく変貌を遂げています。

伊藤　資生堂の本流といわれるグローバル化戦略の特徴、あるいは骨格を教えてください。

前田　様々なことを考えてきた結果をまとめると、次の三つになります。

一つは、「ブランド戦略をグローバルにどのように展開していくのか」です。日本の市場がやや特殊と捉えて、海外戦略における資生堂というブランドを冠たるプレステージブランドとして、価値を高めていくことに徹しようと考えました。したがって、プレステージでは資生堂というブランドネームを使いますが、それよりも下であるマスステージ、これはマスとプレステージの中間という意味の造語ですが、ここでは資生堂という名前を一切使用しません。そうすることによって、ブランドとしての資生堂は一定水準以上の価値を持ったブランドとして、より磨かれていきます。

そしてさらに、グローバルに通用する太く強いブランドをそれぞれの領域で確立することが、戦略上必要だと考えました。

日本オリジンの資生堂ブランドは、八九カ国で販売しています。そして、ヨーロッパを拠点としたフランス発のオリジナルのデザイナーズフレグランスは、すでに一一〇カ所以上と取引をしています。しかし、アメリカに目を転じると、そこには柱となるブランドがありませんでした。そこで二〇一〇年に、ＴＯＢによってアメリカのメーキャップを主体とするブランドを買収しました。これによって、アジア、ヨーロッパ、アメリカそれぞれで、太くて強い戦略的なブランドを持つことができました。それらが世界でしっかりと地盤を築いています。これがブランドにおける戦略です。

二つ目は、「シティーコンセプト」という戦略です。新興国、あるいは膨大な国土の国に進出する場合、その国で最も影響力のある都市に進出し、そこへ集中的に投資して一気にプレゼンスを高めていきます。

たとえば、ロシアは飛行機でシベリアを通過するのに七時間かかるぐらい広大な国土があります。そこで資生堂が一位になるために、まずはモスクワとサンクトペテルブルクの二都市だけに進出しました。この二都市でロシア経済の七割を占めるといわれているので、ここで徹底して資生堂のプレゼンスを高め、ナンバーワンになれば、それはロシアでナンバーワンになることと同じです。それに、資本もこの二都市だけに投下すればよいのです。そこから、エカテリンブルク、ボルゴグラード、もっと東のウラジオストクなど、将来的にはそういう地域にもブランドイメージが浸透していけば、少ない投資で戦略をより展開できます。

また、中国では二〇〇四年から内陸へ一気に展開していきました。そして今では、全省、全自治区に進出を果たしています。それも、省の都であるといわれているところだけではありません。まず省都でプレゼンスを築きます。省都といっても、人口が一〇〇〇万～二〇〇〇万人の規模なので、そこで資生堂の地盤を築けば、その省を掌握したことになります。

三つ目は、「ビジネススキームの問題」です。まだまだ資生堂の知名度が低く、進出しても一気に市場が拡大できない場所では、まず代理店でビジネスを始めます。そして資生堂のプレゼンスが上がってきたときに、合弁会社をつくる方法をとっています。あるいは、市場が成熟してきたと思えば、そのステップをスキップして一気に一〇〇％子会社にします。

たとえば、ロシアでは一九九八年に代理店契約を結びます。その後、日本ブームも手伝って、資生堂が憧れの存在になってきたので、二〇〇八年に一〇〇％の子会社にし、私たちの手で展開していきました。香港は、一九六〇年代に代理店でスタートし、一九九七年に合弁化、二〇一〇年に一〇〇％子会社にしました。

このように、その場所によって道のりは違います。それぞれの市場に合わせてうまく組み合わせながら、適宜判断して進めています。

中国におけるブランドの深化

伊藤　資生堂のグローバル化戦略の中でも、私自身は中国戦略に大変注目しています。資生堂は一九八一年に中国に進出していますが、当時の中国には、そもそも化粧という文化がなかった。そのような世界では、国民に化粧がどういうものかをわかってもらわない限りは、資生堂というブランド名には意味がありません。

結論からいうと、資生堂は中国に化粧という文化を根づかせていきます。もう少しいえば、〝おもてなし〟という文化も中国に浸透させていきます。日本人のビューティーコンサルタントを中国に派遣し、そのビューティーコンサルタントが中国人のビューティーコンサルタントを育成し、さらにその中国人のビューティーコンサルタントが中国全土で様々なマーケティング活動をしていきます。

グローバル化戦略には、現地に融合するやり方と、資生堂のように現地を啓発して自分たちの土俵に上げるやり方があります。資生堂が中国でとった戦略は、現地啓発型のグローバル戦略だと思いますが、そこには当然、大変な苦労があったと思います。具体的にどのような苦労があったか聞かせていただけますか。

前田　先人たちが大変苦労した市場は、やはり中国だったと思います。それまで台湾での実績が大変よかったので、北京政府から誘いを受けて進出することになります。一九八一年の中国は、男性も女性も人民服を着ていて、もちろん化粧をしている女性などほとんどいません。その中で私たちは中国に化粧品を販売していきます。先人たちが、その後中国が膨大な市場に大きく変化を遂げることを、見越していたかどうかはわかりません。しかし、多くの中国人女性に化粧を通じて美しくなり、心まで豊かになってほしいという気持ちで進出していったと思います。

資生堂の化粧品を見て、さわって、そして使ってもらうために、屈指のホテルである北京飯店、それからその近くにある友誼商店という百貨店のようなところで、販売ケース一～二本のスペースをもらって販売を始めました。しかし、買いに来るのは在中外国人の女性が圧倒的に多く、中国人はごく少数でした。それでも、一人でも二人でも多く中国の女性に紹介して、化粧を使う楽しみや豊かさを感じてもらおうと地道に販売活動をしていきます。

同時に、北京の国営化粧品会社から技術供与の話を受けて、約一〇年手伝います。そこで資生堂の製品にかける思いや技術力を高く評価してもらい、一九九一年に北京市からの合弁会社設立の話を受け、そこで合弁化が成立します。その三年後の一九九四年に中国専用商品のオプレというブランドを売り出します。これは現地調査をして設計し、現地女性に使用してもらうために、初めて現地生産して売り出したブランドです。地道な努力もあって、多くの沿海州のデパートで取り扱われ、ほとんどのデパートでナンバーワンの地位を占めるほどになりました。

二〇〇〇年のシドニーオリンピック、二〇〇四年のアテネオリンピックでは、中国選手団に提供する公認化粧品にオプレが推薦され、承認されました。二回連続でオリンピックの公認化粧品として推薦されたので、オプレというブランドが中国で国民的なブランドとして認知され、評価もされたと思います。

二〇〇四年、オプレが発売されてちょうど一〇年目に、内陸の女性にも資生堂の化粧品を使ってもらおうと、内陸に進出を始めました。しかしデパートは主に沿海州だけで、内陸にはありませんでした。

そこで、チェーンストア制度を中国に移植をしながら展開していきました。この制度は日本で七〇年ほど前から培ってきたビジネスモデルです。別の言い方をすればボランタリーチェーンシステムです。この方法で、今では約六〇〇〇店舗に増え、全省、全自治区に取扱店があります。

中国に進出して三一年になりますが、その間私たちは中国で、決して拙速することなく、ひたすらブランドを磨き続けてきました。チェーンストアと契約する場合も、非常にハードルの高い条件を課します。もちろん前金制というのもありますが、お店での商品の並べ方、顧客管理の仕方、従業員の配置、従業員の教育事項の義務づけなどを行います。

一〇〇店舗の申し込みがあるとすると、この条件をクリアするのは一〇店舗程度です。そのぐらい大事に店を選ぶのは、その店も資生堂のブランドを使ってイメージを上げてほしいからです。私たちもイメージを上げてもらえる店とだけ契約します。それによって、ブランドの大切さをずっと守り続けていくことができるのです。

資生堂の中国ビジネスは、まだたった三〇年で、始まったばかりです。今後一〇〇年、二〇〇年と続いていくことを考えて、黎明期である三〇年をブランド磨きに徹して使いました。しかしそれは、決して惜しい時間ではなかったと思います。

伊藤　グローバル化には、二つのわなが口を開けて待っています。高い技術力に裏づけられた高機能・高品質によってトップを狙う戦略には「ガラパゴス化のわな」が待ち受けています。そしてミドルやロー、あるいはベースを攻める戦略には「コモディティー化のわな」が待ち受けています。この二つのわなの間で揺れ動き、意思決定が十分にできていない会社も多くあると思いますが、この二つのわなにはまらないように、資生堂として心がけてきたものはありますか。

前田　それは、日本での長い歴史の中で培ってきた理念、哲学をどの国においても理解してもらうことです。社員にも、取引先にも、その他関係する人にも、それを繰り返し説明し、理解してもらえるかが要諦中の要諦だと思います。

二〇〇八年に四川で大地震が起こりました。そのとき、四川にある資生堂化粧品専門店も壊滅的な被害を受けました。しかし、店もぐちゃぐちゃな状態にもかかわらず、若手経営者の女性は、まずお客様全員に「被害はありませんか。大丈夫ですか」と可能な限りメールを打って確認していました。考えれば途方もない事態だったと思いますが、真っ先にお客様のことを考えた行動でした。彼女は、「そのことを教えてくれたのは資生堂だった」と言っていたそうです。

資生堂は教育に対して非常に熱心です。彼女は毎月教育を受けに来て、「お客様を大切にしましょう」「ブランドを大切にしましょう」「従業員を大切にしましょう」と繰り返し教えられ、すり込まれていったのです。その結果、自分の被害よりも、お客様のことを第一に考えたのだと思います。彼女は涙ながらに、「もっともっとお店を増やして、中国の女性が美しくなるお手伝いをしたい」と語ったそうです。これは資生堂の理念が着実に浸透している象徴的な事例で、大変心強く思いました。

ただ、六〇〇〇店すべてがそういう状態にあるかというと、それは甚だ疑問です。しかし、そういう地道な活動を根づかせ、同志的結合を着実につくり上げていくことが基本になると思いました。

伊藤　以前、前田さんのお話に〝絶対価値と相対価値〟という言葉が出てきました。私たちはすぐに差異化・差別化戦略に着目し、相対的価値に力を入れることを競争戦略といってきましたが、前田さんが抱いている絶対価値と相対価値とはどのようなことでしょうか。

前田　相対的価値の競争に自ら飛び込むことは、自らの絶対的価値を見失う危険性をはらんでいます。例えば中国でも、草刈り場のような他社との攻勢があります。ヨーロッパのメーカー、アメリカのメーカー、韓国のメーカー、日本のメーカー、入り乱れて争奪戦が始まっているわけです。各国、各社、それぞれに様々な戦略をとってきます。それにどう対抗するかを考えると、それぞれに向けた戦術をめぐらさなければなりません。また、その戦術によって他社を上回ることができるとも限りません。

やはり相対的な価値の競争に自ら飛び込んで、絶対的な価値の部分を忘れてしまうことが、企業にとっては非常に大きなリスクになります。だから、それよりも絶対的な価値といえる価値をつくり上げることが非常に重要なのです。

資生堂の本来持っている企業の理念、哲学、ビジョンを根づかせることは、独自独特の価値を磨き上げ、他社との競争の中で存在感をはっきりと示すことになります。それが結果として、競争力の源泉になるのです。

リーダーの条件

伊藤　最後に私が考えるリーダーの条件を一〇挙げたいと思います。三つぐらいで語れるとわかりやすいのかもしれませんが、それほどリーダーになるのは、たやすいものではありません。

一つ目は、「自社のブランドに高い誇りを持ち、仕事上、経営上の課題を考え抜いて実行すること」です。

前田さんのお話にも、「中国では三一年間資生堂のブランド磨きをやってきた」とありました。また、一〇年以上前になりますが、当時の花王の社長である常盤氏がヨーロッパのグローバルなエクセレントカンパニーを訪問し、衝撃を受けたことを語ってくれたことがありました。常盤氏は好奇心旺盛で、訪ねた会社の社員に「あなたは何のために、この会社に勤めているのですか」と聞くと、異口同音にどの会社でも「私はこの会社のブランドを守るためにここで働いています」という予想外の答えが返ってきたそうです。社員がこのように答えるのは、リーダーが自社のブランドを守り高めてきた証です。

経営者が次世代に残すものは、設備などの有形なものではありません。無形資産であるよいブランドを残せば、次世代の人たちが困ることはありません。一般的な仕事だけではなく、新規事業もM&Aもやりやすくなり、成功の確率も高まります。

二つ目は、「高安定・高感度の両立」です。これは作家・城山三郎さんの言葉です。どちらか一方が高い人はいますが、両方を兼ね備えた人は珍しく、高安定と高感度の両方を共存させることは非常に難しいことです。以来、私は自戒の念としています。

三つ目は、前田さんも述べていたように「揺るぎない絶対価値を持つこと」です。絶対価値と相対価値の位置づけをはっきりさせ、それを行動に移せなければなりません。競争戦略では相対価値に目が行きがちで、差別化ばかり考えてしまいます。しかし、重要なのはぶれない絶対価値を持っていることなのです。

四つ目は、「視野狭窄《きょうさく》にならず全体最適ができること」です。近年、もっとも使われるキーワードの一つは〝全体最適〟です。裏返して言えば、組織が部分最適に向かい、社員の視野が狭くなっているから、このように言われるようになるのです。私は全体最適をヘリコプターセンスと呼んでいます。ヘリコプターで高度高く飛ぶと展望が開け、先がよく見通せます。しかし、地面を這いつくばっていると先は見えません。だからリーダーはヘリコプターセンスの高い人であるべきだと私は考えます。

五つ目が、「大切なことを社員に伝えるコミュニケーション能力に優れていること」です。経営者は社員や幹部職に話をしますが、その内容があまりにも伝わっていないことに愕然とします。これは話し手と聞き手の間に溝があるからです。話したほうは、一度話せば相手は理解していると思います。しかし、そうではないのが現実です。手を変え、品を変え、繰り返し語らなければ、大切なことも伝わらないのです。

ある経営者は、毎月同じような話を、手を変え、品を変え、続けています。それを聞いている社員は、今日は違う話だと思って新鮮に聞いている。ところが、後で振り返ってみるといつも経営者が語っているのと本質的に同じメッセージだと気がつくのです。このように、社員が自ら気付くように繰り返し語る能力がリーダーには必要です。

またコミュニケーション上で問題になるのが「バット（BUT）症候群」です。つまり、無意識のうちに使われる「でも」です。

ヤマト運輸の小倉さんは、「私はこれからサービスだけを語ります。利益のことは言いません」と社員に向けて語りました。これを「よいサービスを提供してください。でも、利益を上げてくださ い」と「でも」をつけて言うと、社員の解釈はまったく変わります。「でも」を使うと、その後に続く言葉に力が入っているように聞こえます。「でも」を使うと、「利益を挙げる」ことのほうが重要だと社員は解釈します。このような言い方をしていたならば、コストを無視してでも良質なサービスを提供する現在の宅急便はあり得なかったでしょう。これはすばらしい成功例です。

また、日産のカルロス・ゴーン氏は、社員に向けて話をする場合、話し手と聞き手のギャップを埋めるようにするそうです。たとえば、部長以上を集めてゴーン氏がある話をしたとします。そしてその後、全社員にアンケートをとります。ゴーン氏が話したことを部長、事業部長が各部署で話しているはずなので、その理解度をアンケートなどで確認し、理解が浅い部署には再度説明させ、理解できるまでそれを繰り返します。つまり、コミュニケーションのＰＤＣＡを回しているわけです。実はコミュニケーションのＰＤＣＡはあまり行われていません。コミュニケーションのＰＤＣＡも含めて、コミュニケーション能力の高さがリーダーの条件になります。

六つ目は「多様性を受け入れられること」です。建前ではなく、本気で多様な人々を受け入れられるかが試されます。それはシンパシー（sympathy）ではなくエンパシー（empathy）で、相手を理解するエンパシー能力に優れていることが非常に大事だと思います。

七番目は「明るく追い詰める能力」を持つことです。暗く追い詰める人を私はたくさん見てきました。暗く追い詰めると、最近の若い人たちは嫌になって会社を辞めてしまいます。明るく追い詰められれば、「やるしかない」と思うのです。明るく追い詰められて逃げたら、自分が惨めになります。明るく追い詰めるといっても、いろいろなやり方があるので、リーダーにはその能力が必要です。

それから八番目は、「危機感知が俊敏で、社員の危機意識を醸成でき、ＰＤＣＡを高速で回転させられること」です。これからは危機への向かい方に優れたリーダーが、今まで以上に求められると思います。これを私は〝ＰＤＣＡプラス三Ｓ〟と称しています。三Ｓは「センス・オブ・アージェンシー」「スピード」「センサー機能（危機を感じる力）」で、この三つのＳを併せ持っていることが、ＰＤＣＡに加えて大切だと思います。

九つ目は、「高いマネジメントリテラシーを備えていること」です。今、世界を席巻しているマネジメントのコンセプトは、ほとんどがアメリカ発のものです。しかしその原点のほとんどは日本にあります。リエンジニアリングも日本です。ＧＥがいうブラックベルトも原点は日本です。しかし、それをマネジメントリテラシーとして組み立てる能力が、相対的に日本企業は弱かったのです。渋沢栄一は「論語とそろばん」と言いました。絶対価値である〝論語〟とともに、〝そろばん〟＝〝マネジメントリテラシー〟が重要なのです。グローバル化すればするほど、これが大事になります。

一〇番目は、「人間の心理に通じ、洞察力に優れていること」です。経営は心理学でもあり、社員の心理と戦うことでもあります。やはり人間の心理に通じていなければ、経営は困難です。リアリズムを持ち、人間の行動様式に対して深い理解がある人は、リーダーとしての素質があると思います。

危機こそチャンス

伊藤　最近私が実感するのは、経営は難しくなったということです。前田さんは社長時代、寝室の自分の枕下に携帯電話を六年間ずっと置いて、二四時間体制で経営のことを構想したり、悩んだりしていたと聞きました。それは、次々と襲ってくる危機に備えてのことだと思います。そのような危機の連続の中で、経営者として、どのようなことを大事にしてきたのでしょうか。

前田　二〇〇五年から二〇〇七年は順調に経済も伸びていたので、パフォーマンスはよかったと思います。二〇〇八年上期までは業績もよく、私たちが目指す数字はほとんどクリアできる状態でした。ところが二〇〇八年九月にリーマンショックが起きて、一気に世界の景色が変わってしまいました。株は一気に下がり、為替は一気に円高になりました。それから、購買行動にも大きな変化がありました。

そのとき浮上したのが買収案件でした。二〇〇七年に、「日本をオリジンとし、アジアを代表するグローバルプレーヤーを目指す」と宣言をしたとき、大型のM&A案件抜きにそれは語れませんでした。M&Aを進めていたときに、たまたまリーマンショックが起き、引くべきか、このまま進むべきか、という大きな決断が必要になり、結局、M&Aを進めることにしました。

今回のM&Aの案件はTOB（株式公開買い付け）だったので、株価の暴落と急激な円高が功を奏し、二五〇〇～二六〇〇億円の買収金額が一七〇〇億～一八〇〇億円に下がり、逆にチャンスになりました。リーマンショックがもし起こっていなければ、買収はできなかったかもしれません。世間一般では一〇〇年に一度の危機でしたが、この案件だけを見ると、私たちにとっては一〇〇年に一度のチャンスだったといえます。

企業の成長は、問題を解決するところに成長の機会があるわけではなく、むしろ機会を自らの手で開発していくことが成長の礎になります。危機をチャンスに転換できることが企業のバイタリティーだと思います。

昔ある人から「あなたの会社がなくなったら顧客は困りますか。残念がる人はいますか」と言われました。この言葉は私に強烈な印象を与えました。そして、すばらしい言葉をいただいたと思って大事にしまっています。資生堂がこの世からなくなったら、残念に思う人がたくさんいてほしいし、そういう会社であってほしいのです。そして、それが評価の材料であり、経営者に課せられた一つのハードルだと思います。

未来への創造

三井物産株式会社代表取締役社長　飯島　彰己
ハーバード大学経営大学院教授　竹内　弘高

受け継がれる理念

竹内　三井物産は、二〇一一年に創業一三五年を迎えられました。

飯島　一八七六（明治九）年に創業者、益田孝が旧三井物産を創業しました。そのとき彼が心に抱いたものは、我が国を欧米列強に伍する産業貿易国に育てていかねばならないという使命感でした。当時、我が国の貿易は、実質的に欧米の商人たちに握られていました。それを取り戻すためには、外国語が堪能で、かつ欧米式の企業実務に通じた人材の育成が急務でした。益田はその難事に取り組み、貿易事業を興して日本製品の輸出に努めました。

旧三井物産解散後に設立された現在の三井物産も、戦後の復興期には、まず国民生活の向上を追求し、外貨の獲得を目指して繊維や食料といった軽工業製品の輸出を担いました。次いで復興の進展とともに重工業の発展に力を傾けました。重工業で必要とされる原料や資源の安定確保という大きな課題の解決に向け、三井物産はそれらの輸入と並行して、資源・エネルギー分野に資本を投下して事業に参画していくビジネスモデルにも取り組みました。

また、国民の生活が豊かになってくるにつれて、より快適な生活を求める国内のニーズに応じて、レジャー産業や外食産業など、消費者により近い事業分野も広がっていきました。

ＩＴ革命が進むに従い、商社の海外ネットワークや情報格差を利用した貿易や仲介ビジネスは次第に陳腐化していきました。そこで、三井物産は製造業や物流機能の一部を担う形でバリューチェーンの中に入り、それによって自分たちのビジネスモデルを進化させてきました。同時に、様々な事業や企業にも投資を行うと共に、金融や物流分野等での商社特有の機能を活用して新たな市場を開拓する、生産プロセスに入って効率化を図る、そして出資先企業の経営にも参画して企業体自身の価値を高めていく、といったビジネスに業態を変化させていきました。このように、時代の環境変化に応じて、常に業態を変えてきたのが当社の姿であったといえます。

ただその中で、一三五年の歴史を経てもなお三井物産の持っている企業理念は変わっていない、ということも同時に断言できます。

竹内　なるほど。では、その変わらざるものとはなんでしょう。

飯島　「挑戦と創造」、「自由闊達」、そして「人材主義」の三つの基本理念です。

竹内　では、一つずつお聞きします。最初の「挑戦と創造」は、三井物産の方と話をすると、常に出てくる言葉です。しかし、創造というとアップルのようなメーカーをイメージしがちです。総合商社にとっての「挑戦と創造」とはどういうものでしょうか。

飯島　時代の環境変化に力強く立ち向かい、世の中のニーズに応える仕事の創造に挑戦し、未来を切り拓いていくことです。現在のように変化の激しい時代にあっては、一〇年先、いや五年先でも正確に予測することは至難の業です。では、どのように変化に対応するかといえば、とにかく人材を育て、その人たちがその時代くに合った形で仕事の内容、中身を進化させていく、ということしかないのではないかと思います。したがって、基本は人であるということです。

もうひとつ我々が考えておかなければならないのは、将来を見通す想像力です。ここで言う想像は、クリエーションではなくイマジネーションです。この想像力も常に鍛えておく必要があります。世の中の変化を敏感にとらえるアンテナを個々人が常に高く立てる必要があるという考え方です。

竹内　話は少し変わりますが、私は貴社の檜田会長にどうして飯島社長を後継とされたのですか、という質問をさせていただいたことがあります。会長は言下に「人望です」と答えられました。これはきわめて日本的だと感じました。というのは、人望に当る英語はないのです。カリスマでは意味が違います。これに一番近い言葉は、magnetism of personality。あたかも磁石のように引きつけるようなもの、としか言いようがない。私が檜田会長の言葉を聞いて思い出したのは、私が野中郁次郎さんと続けているナレッジ・フォーラムでのことです。

飯島　私はそのナレッジ・フォーラムの第一期生です。二〇〇八年から一年間、毎月土曜日に一日中勉学に励むという経験をいたしました。私は、入社以来研修といったものをほとんど受けたことがありませんでしたから、大学時代以来久々に経営哲学、自然科学、宗教等々含めて総合的に勉強する機会を得て、経営とは哲学だと改めて悟ることができました。また、竹内先生はお酒を飲まれませんが、野中先生は飲まれることもあって、土曜日の勉強の後に必ずワイン教室があり、三〇名の仲間と一緒にそこでも勉強させていただきました。

竹内　そのナレッジ・フォーラムには、オフィス・アワーというユニークなプログラムがありました。水曜日の夜、六時から八時に自由参加の時間を設定したものです。そこでは一橋大学のビジネスクールの先生たちが必ず三人待機していたのですが、このオフィス・アワーにもっとも数良く来られたのが飯島社長でした。しかも、飯島さんがすごいのは一人で来られたことが一度もなく、必ず部下と来ていました。それも毎回違う人を連れて来られるのですが、この辺りに、私は檜田会長が人望と答えたゆえんを感じたのです。

飯島　これは意外なことを伺いました。ナレッジ・フォーラムでは、自分はスチューデントでしたが、社内においてはティーチャーでもあるわけです。部下に対してはある意味ではティーチャーとして引っ張る立場にいました。しかも、竹内先生のような著名な先生といろんな話ができる絶好の機会なので、私だけが享受するのはもったいない。そこで、いろいろなテーマに詳しい人をその都度連れていって、ディスカッションの仲間に入ってもらったのです。

また、部下から教わることも多くあります。人の発言について、一緒に行った人が自分とまったく違う感想を持つなど、感じ方にも違う部分が出てきます。ですからお互いに刺激し合い高め合うことができれば、当社の「自由闊達」という理念にもかなうので、それを実践したということです。

竹内　なるほど。次がその「自由闊達」ですが、この言葉は英語にどう訳しているのでしょうか。というのは、先週フランスに行った際、フランス人の経営者に「フランスでは empowerment という英語を簡単に使うな」と言われました。フランス人は empowerment と聞くと、好き勝手なことを始めるというのです。この「自由闊達」は、英語にすると freedom ですか、liberty でしょうか。

飯島　いずれも違います。open-mindedness です。

竹内　素晴らしい！　freedom でも liberty でもなく、open-mindedness ですか。これが先ほどの想像＝イマジネーションとつながっていくわけですね。だから、時代が変わっても常にこの open-mindedness で、変化を受け入れられるようにするという発想ですね。

飯島　はい。この点では、当社には上下関係のような境界はありません。ボーダーレスでフリーにディスカッションをすることで、お互いのためになり、ひいては組織のため、更には国家のためになる、という考えを持っているのです。

竹内　なるほど、open-mindedness なら、変に誤解されませんね。これに「人材主義」を加えた三つが基本理念ですね。

「良い仕事」の追求

飯島　最近はこれにもう一つ重要な考え方が加わりました。これら三つの理念を土台にした我々が「良い仕事」と呼んでいるものです。これは、現会長である槍田が社長時代に提唱したもので、世の中の役に立ち、お客様やパートナーの皆さんに付加価値を提供でき、更に働いている我々個々人がやりがいを持てる、納得感のある仕事のことです。

言い換えれば、我々が仕事をする際の基軸として、「あなたが今、やろうとしている仕事は本当に

『良い仕事』なんですか」と自分の心に問い質すということです。世の中の役に立ち、国のため、世界のためになる仕事なのか、と。つまり、仕事や利益にも質があるので、そこにこだわりを持って仕事をしてほしいのです。したがって、利益を挙げている仕事でも、それが「良い仕事」と言えないのであれば、すぐにもやめてください、やめましょうと言う、そういう考え方をしています。

竹内　これは野中郁次郎さんがグッドネスとかコモングッドと呼ぶ、世のため人のための善の哲学に通じます。最近、野中さんが、「マイケル・ポーターもやっと自分に近づいた」と言っておられたのですが、そのマイケル・ポーターが二〇一一年一月号の『ハーバード・ビジネス・レビュー』でCreating Shared Value＝CSVという考え方を主張しています。CSRではなく、CSVです。企業がエコノミック・バリューをつくるのは当たり前です。しかし、同時にソサイアタル・バリュー、つまり社会に対しても価値をつくる、この両輪が必要である。だが、このソサイアタル・バリューは、CSRのように本業とは別の活動を通じて提供するものではなく、本業そのもので提供しなくてはいけない。それがCSVです。「良い仕事」というのはこれに共通しているのでしょうか。

飯島　共通していると思いますね。私は二〇〇九年四月に社長に就任しましたが、その翌年の新入社員向けに作った三井物産のパンフレットの中で、ビル・ゲイツが二〇〇八年のダボス会議で提唱した「クリエイティブ・キャピタリズム＝創造的資本主義」に触れました。クリエイティブ・キャピタリズムも世の中のためになる仕事、或いは事業活動であり、本業を通じて地域や社会の発展に貢献し、それが収益を生んで、ひいては企業の競争力を高めていくという考え方です。クリエイティブ・キャピタリズムとCSV、そして「良い仕事」の根底には共通したものがあると私は思います。三井物産はそれを一つの軸として、しっかりとした仕事をやっていくよう社員に訴えているのが現在の状況です。

当社がこのような理念を持つように至ったのは、二〇〇二年、二〇〇四年と立て続けに起きた不祥事への反省が大きな契機になっており、決して理念先行ではありません。コンプライアンスや内部統制において会社として弱点がある、いつこのような問題が再発するかもしれず、今後このような事はもう起きない、大丈夫とは我々は考えません。このような問題は常に我々に忍び寄ってくる、永遠のテーマである、という認識を持っています。

竹内　そうした問題を決して隠蔽しようとせず、オープンに語れることが素晴らしいのです。実は、『ハーバード・ビジネス・レビュー』の二〇一一年五月号に「ザ・ワイズ・リーダー（賢慮のリーダー）」というタイトルで、野中郁次郎さんと私の論文が出ました。ここで槍田会長が、不祥事という危機に果敢に対応したワイズ・リーダーの例として何度も登場しています。

この論文を『ハーバード・ビジネス・レビュー』はニュー・キャピタリズムとして提唱しています。実は一月に出たポーターのCSVもニュー・キャピタリズムとして扱われており、五月の我々の論文はポーターの論文とセットという位置づけらしいのです。これは、アメリカのビジネス界に対して同誌が発したある種の警告でした。三年前にリーマンショックが起きましたが、アメリカ人の経営者はすでに忘れている。その三年前にはエンロン事件もありましたが、あれも忘れている。ことによると、日本の経営者こそがニュー・キャピタリズムの担い手になるのではないか、そういう思惑や希望を同誌は抱いているようです。

飯島　近年では理論的な部分を含めて日本企業も進歩していますし、見習われる部分もあると感じています。しかし、その一方で新興国の台頭は目覚ましく、日本は東日本大震災に襲われたこともあり、世界全体から見た存在感はかつてのようではありません。そこで我々は、理論はもういい、とにかく日本をもっと元気にして世界の中で存在感がある国にしていくためにはこれからどう行動していかなければならないのか、それが実業界のみならず、官界、政界、学会も含めた日本の課題ではないか、と思っています。

竹内　〝失われた二十年〟などといわれていますが、欧米のほうが日本の企業のよさを理解してくれているのかもしれません。今回の我々の論文にしろ、日本あるいは日本企業にしろ、欧米の評価はすこぶる高いのです。震災後、ハーバード大学は〝ハーバード・フォー・ジャパン〟という日本の被災地支援活動をずっと続けています。海外にいると、日本は実に高い評価を受けていると実感するのですが、飯島社長はどのように感じていますか。

飯島　東日本大震災、津波、そして原発事故の後、世界中から日本に支援の手が向けられました。この大きな動きは私自身にとっても驚きでしたが、これは我々の先輩たちが戦後、自国の成長に並行して世界の様々な国にコントリビューションしてきた結果だと思います。

逆に言えば、これからの日本はもっともっと頑張らなければ、先輩の貯金をただ食い潰すだけになりかねません。我々や後輩の世代が、先輩が成してきたことにもう一度チャレンジしなければいけません。それがグローバル化し、ボーダーレス化した世界の中で日本がやっていかなければならないことです。そのためにも、ニュー・キャピタリズムを実践していかなければならないと本当に思います。考え方はいいのですから、企業を含め、政、官、学、民が総力を挙げてもう一度日本を立て直していく必要があると考えます。

竹内 まったく同感です。私は今回アメリカにいて、日本人でよかったと心底思いました。これもやはり先人に感謝するしかありません。ハーバード大学ライシャワー・インスティテュートの所長に尋ねたことがありますが、ハイチの地震のときも、スマトラの地震のときにも、ハーバード・フォー・ジャパンのような活動はありませんでした。飯島社長は先輩の貯金のお蔭のようにおっしゃいましたが、まさしくそのとおりだと思います。

人類共通の課題解決に向けて「良い仕事」を

飯島 現状の世界の人口は七〇億人ですが、一五年前には五八億人でした。二〇五〇年には九〇億人を超えると予測されています。世界経済は確実に成長して、一人ひとりが豊かな生活を求めるようになります。そのような流れの中で発生する様々な問題の解決に、三井物産がどのように取り組んでいくのか。まず第一に資源確保の問題があります。なかでも重要なのはエネルギーであり、水であり、食糧です。

竹内 いずれも人類共通の課題として、すでに俎上に載っていますね。

飯島 はい。それと同時に先進国では高齢化が、新興国では人口増加が急速に進みます。すると、それぞれの国において医療サービスの供給問題が、新たな段階を迎えてきます。やはり、健康は豊かさを享受するための土台ですから。人口の増加と同時に、それに対応したサービス提供の体制を拡充することなくして、より豊かな社会は構築できません。三井物産はこのような世の中の流れに沿った新しい事業展開を目指しています。

エネルギー分野で取り組む当社の事業に、これまで開発が難しいとされてきたロシア・サハリンでのLNG開発があります。我々はLNGの初出荷までにおよそ二十年の歳月をかけて、このプロジェクトに取り組んできました。この事業を通じて、日本の脱石油依存とエネルギーの安定供給に貢献することを目指しています。

更に今後は、アメリカやポーランドでシェールガスなどの新型天然ガスの開発に取り組みます。国際エネルギー機関（IEA）は、二〇三五年に世界の天然ガスの需要が二〇〇八年に比べて一・四倍に増える、と予測しています。天然ガスは石油に比べて二酸化炭素の排出量が少ないため環境に優しいことから、従来から当社は天然ガスの開発プロジェクトに積極的に取り組んできました。北米でシェールガスの採掘技術が確立されことを受け、当社はその応用に先駆的に取り組んでいます。

竹内　農業分野でも、独自の取り組みをされていると伺いました。

飯島　商社では、農産物については集荷、仕入れ、販売がビジネスの中心でした。地下資源と異なり、地上資源である農産物は天候や気象に大きく左右されます。そこで我々は従来の集荷に加えて、自ら生産をする事業を開始しています。ブラジルで一一万七〇〇〇ヘクタール（東京都の約半分に相当）の耕地を所有し、そこで大豆や綿花、トウモロコシの栽培を行い、中国をはじめとするアジアに供給することを視野に入れて取り組んでいます。これは、三井物産にとってまさに挑戦です。

水は世界で、非常に偏在している資源です。また水質汚濁など水に係る様々な問題が山積みになっています。更に、人口の増加や個々人の生活レベルの上昇によって、世界の水の需要は増える一方です。現状、五〇兆円とされている市場規模が二〇二五年には一一〇兆円にまで倍増するという試算もあります。二〇二五年といえば、すでに喫緊の課題といえます。

三井物産は、メキシコでアトラテックという水の総合エンジニアリング会社を買収し、そのノウハウを他地域で展開しようとしています。すでに中国で水事業を始めました。これはシンガポールのハイフラックスという、シンガポール最大の水事業者と折半で設立した合弁会社で、中国の八省二市二四カ所で上水の供給、下水処理、リサイクル水プラントの共同運営をやっています。

医療関係ではアジア最大の病院グループ、インテグレイテッド・ヘルスケア・ホールディングス（ＩＨＨ：現在は IHH Healthcare Holdings）に九〇〇億円を投じて三〇パーセントの資本参加をしました。ＩＨＨはシンガポールやマレーシアで一、二位というクラスにランクされる病院を所有していますが、三井物産のグローバルネットワークを使って、他のアジアの国や中国にも展開し、事業を拡大していこうとしています。また、ＩＴを駆使した病院経営の効率化や病院給食、ユニホームのレンタル事業など病院周辺のサービス事業についても三井物産の総合力を生かして取り組んでいこうと考えています。

先ほどご紹介したように、二酸化炭素の排出量が少ない天然ガス開発は従来から取り組んできましたが、これに加えて太陽光や風力などの再生可能エネルギーやバイオマス等々の事業を進めています。太陽光と風力についてはスペインとアメリカで、バイオマス、バイオマスエタノールやパームオイルなどの事業はマレーシアやブラジルなどで進めています。

また、環境ビジネスのひとつであるリサイクルビジネスについてはオーストラリアのシムスという世界最大の総合リサイクル会社に筆頭株主として出資し、鉄や非鉄スクラップの回収、廃家電や廃電子部品のリサイクルなどに関する同社のノウハウに加え、当社の日本でのメタル回収のノウハウを活用して、携帯電話や小型家電の回収ビジネスを、中国を中心としたアジアで始めたところです。これもこれから成果を挙げていくことを目指す新たな挑戦の分野です。

竹内　もともとエネルギーは御社の得意分野で、これが利益の源泉にもなってきたと思いますが、農業や水、ヘルスケア、環境という新たな分野での取り組みはまさにチャレンジですね。また、今お聞きしていると、それらの事業のパートナーがほとんど海外企業です。ブラジル、メキシコ、中国、シンガポール。ヘルスケアではシンガポール、マレーシア。環境ではスペイン、アメリカ、オーストラリア。エネルギーもサハリンはロシア、ポーランドは東欧です。ほとんど海外とリンクしながらやっています。そこが総合商社の強みなのでしょうか。

飯島　それもありますが、対象事業が我々が国内でできない分野だからです。例えばエネルギーは国内に資源がないので海外で探さなければなりません。医療や農業は日本では強い規制があり、企業が参入するのが難しい分野です。これらは、今後日本がＴＰＰやＦＴＡ、ＥＰＡなど海外との貿易協定や経済連携協定を結んでいく中で、将来いろいろな改革が行われていくと期待される分野です。

再生可能エネルギーの太陽光や風力発電についても、今後買い取り価格がいくらになるかによって日本でも事業が拡大してくる可能性がありますが、現状では欧米のほうが補助金の制度が進んでいます。ですから、我々はまず海外で仕事をして、そこでノウハウを蓄積し、日本でも我々民間企業が参入できる状況になったときに、そのノウハウを持ち込んで展開していきたいと考えています。そうすることで日本でも、農業、再生可能エネルギー、医療の分野で貢献できるのではないかということです。

竹内　それは、まさに「良い仕事」への挑戦でもありますね。

三井ＨＢＳグローバルアカデミー

竹内　さて、「人材主義」の観点では、三井物産は二〇一一年度からハーバードビジネススクール（ＨＢＳ）に依頼し、グローバルリーダーの育成を目指す独自の研修プログラムを始めましたね。

飯島　ＨＢＳとカリキュラムを作成し、「Mitsui HBS Global Management Academy（三井ＨＢＳグローバルアカデミー）」という名称の講座を立ち上げました。当社の日本や海外拠点、そして海外のパートナー企業から中堅社員を選抜・派遣し、約二週間かけてＨＢＳで学んでもらうものです。

竹内　百年を超えるＨＢＳの歴史上、日本企業がこうした研修プログラムをＨＢＳキャンパスで実施するのは初めてです。また、飯島社長ご自身もプログラムの一部に参加されました。こうした三井物産の取り組みに賛同して、マイケル・ポーター教授などＨＢＳの第一線の教授陣が参加したことも驚きでした。取り組みのきっかけは何だったのでしょうか。

飯島　先ほどご紹介したように、幸いにして私はナレッジ・フォーラムで経営に関する知見を深める機会を得ました。こうした機会を一人でも多くの社員にも与え、世界で活躍できる人材を育てたいと考えてきました。

これまでも幹部候補生のための類似の制度はありましたが、あくまでも対象は日本人社員が中心でした。日本人に偏った人材の制約がグローバルな成長の制約になってはいけません。そこで国内外の社員が参加できるより高度な教育機会を設けることにしました。それには、研修を通じてグローバルベースでの一体感を醸成する狙いもありました。

竹内　実際、ボストンで開講した三井HBSグローバルアカデミーには海外のパートナー企業からも多くの社員が参加していましたね。

飯島　具体的には、参加者三〇人のうち一六人が日本採用の社員、七人が海外の現地法人や関係会社のスタッフ、残る七人がパートナー企業の社員です。

竹内　特に海外のパートナー企業からの参加者は研修に参加できて、とても感激していました。資本関係のない企業の社員まで招いたところに、「人の三井」といわれる御社の哲学が伺えます。

飯島　社長就任後、当社の海外拠点を回っていると、現地の人から「三井物産の本社はグローバライゼーションだとさかんに言うが、それは本気なのか」と何人にも聞かれました。それに対して、三井物産としての本気度を示すには、グループ内で英語を共通語化したくらいではなかなか信じてもらえないだろうという思いもありました。それも、このプログラムを推進する原動力になりました。

竹内　実はHBSの教授陣はこれまでの日本人学生を教えた経験から、「日本人はボストンに来ても余り話さないだろう。大丈夫か」と心配していました。ところが、実際に来た参加者の皆さんが大変活発に発言するので、教授陣にとって大変な驚きだったと思います。何しろ、皆さんは我々の二週間のプログラムに備え、二カ月前に一週間集まって予習していたのですね。そんな企業はかつてありませんでした。しかも本社の社長自ら講座に登場しました。この二つの驚きは、HBSにとってある種の感動すら呼び起こしたようです。こうしたことは、やはり飯島社長の信条から発したものでしょうか。

飯島　私は、コミュニケーションが大事だと考えます。一生懸命いろんな話をして、人と接することです。部下であれ、上司であれ、夫々がどのように会社員生活を送ればいいのか、プライベートでもいろんな相談があれば親身になって話し合うべきです。すべてのことに真摯に対応していく、立ち向かっていく、これが基本ではないかと思います。

人と接すること、現場に行くこと、そのすべてにおいて必ず何か新しい発見と気づきがあるはずです。だから絶対に現場に行かなければいけない。インターネットを使えば世界のいろいろな情報が簡単に手に入りますが、これは他人の手や目を通してつくられたものです。現場に行って自分の肌感覚で感じる、人とはメールでの連絡ではなく電話で話す、できれば出掛けていってフェース・トゥ・フェースで話す、これらが基本だと思います。

竹内　トヨタの張さんがロシアのサンクトペテルブルクで、現地の人五〇〇人を前にしてスピーチされたときに、〝現地現物〟という言葉を六回使いました。それを通訳の方がそれなりに翻訳していたのですが、現地の人には理解が難しかったようです。そこで、私「現地現物とは何ですか」と尋ねたところ、少し考えて張さんはこう答えました。「Have you seen it？　自分で見に行きましたか、ということです」と。いまの飯島社長のお話は、その「Have you seen it？」でしょうか。

飯島　その通りです。そこが大事です。よく言われるのは、車の在庫について帳簿上の数字と実際に車を見るのではまったく違うということです。やはり実際に見ることが大事で、見れば「こんなにたくさん在庫があるのか、これは大変だ」となります。ただ数字を見るのとはまったく違います。

竹内　すべて、飯島社長の実践から生み出された言葉ばかりでした。ありがとうございました。

第Ⅱ部　価値を創造する経営に終わりはない

戦略の本質とリーダーシップ——近代戦史に学ぶ

一橋大学名誉教授　野中郁次郎

戦略の本質

私の研究は経営学と軍事史の二分野にわたりますが、本稿では軍事史を中心に話を進めます。この分野でのアウトプットとしては、『失敗の本質』（１９８４年）があります。これは五年間にわたる防衛大学校でのプロジェクトの成果ですが、その結論は「成功は失敗のもと（過去の成功への過剰適応）」という至極当たり前の命題に落ち着きました。

そこで、同じメンバーで、〝失敗〟ではなくもっと明るい研究をやろうというところから議論が始まって、ひとつの方向性が出てきました。それが〝ターンアラウンド＝逆転〟でした。不利な形勢からターンアラウンドして最後に勝つ。これは明るいということで、逆転の研究をやろうと方向転換をしたのです。ところが日本の近代戦を調べると、意外に逆転の事例がありません。そこで視点をグローバルに広げて、次の六つの事例をピックアップしました。

一　毛沢東の反包囲戦（一九三〇—三四）
二　英独戦争：バトル・オブ・ブリテン（一九四〇）
三　独ソ戦争：スターリングラード攻防戦（一九四二—四三）
四　朝鮮戦争：仁川上陸作戦（一九五〇）
五　第四次中東戦争：ヨムキプール戦争（一九七三）
六　ベトナム戦争（一九六〇—七五）

この研究から、最近私たちが提唱している「フロネシス phronesis」＝賢慮ないし実践的知恵という概念が生み出されてきたのです。一と二の事例だけからでも、戦時のリーダーシップの本質がえぐり出されてきます。そこで、この二つの事例について論を展開したいと思います。

毛沢東の遊撃戦略の構造

若き毛沢東のすごさは、「遊撃戦略」というまったく新しい概念を現場の実践の中から普遍化していったということです。その特色は、正規戦の対極にあるゲリラ戦です。ゲリラ戦の特色は、きわめてしたたかに戦ったとしても、なかなか勝てないということです。そこで、勝てるゲリラ戦を追求し、ついに遊撃戦という概念を考え出します。それまでのゲリラ戦の「集中せず、統一せず、規律がなく、活動方針が単一であるという不正規性」から転換して、「一極集中し、統一し、規律を持って行われる大規模なゲリラ戦」という概念を考え出し、これを「遊撃戦 strategic guerrilla」としたのです。

具体的には、根拠地で農村革命を起こし、農村から都市を包囲するという考え方です。日本の経営者では、ダイエーの中内さんが毛沢東戦略の信奉者でした。神戸から都市を包囲するという戦略をとったことがよく知られています。現在の中国の経営者もほとんどが毛沢東戦略であり、農村から都市を包囲するということを実践しています。

「実践論」「矛盾論」「三大規律・六項注意」「実事求是」などが、全紅軍に共有させた知の方法論でしたが、当時文字を読むことのできない者が多かった農民やプロレタリアートに戦いの型を叩き込むために一六字の憲法というものを創り、組織全員に共有しました。

敵進我退（進めば退き）
敵駐我攪（駐まれば攪し）
敵疲我打（疲れたら打ち）
敵退我追（退けば追う）

全部で一六字ですが、敵が四個、我が四個含まれているので、実質の中身は八字です。これを暗記すれば戦い方がわかるというところが、そのすごさです。しかも、詩人でもある毛沢東らしく、中国語で発音すると非常にいい旋律になるそうです。物事の本質を現場の個別具体の現実から普遍化するという能力、これが実践知のリーダーにきわめて重要であるということがわかります。

『実践論』、三大規律、六項注意

毛沢東は、このような戦い方を組織全員に徹底しましたが、それは、一人のカリスマから全員をカリスマに、一人のヒーローから全員をヒーローにしようという発想でした。そこで、組織の全員に共有させるひとつの型として、『実践論』を生み出したのです。

この実践論の最後に、「実践、認識、再実践、再認識、このような形態は循環してきわまるところなく、しかも実践と認識の一循環ごとの内容はすべてより高い程度に進む」とあります。実践の次にある認識というのは分析を前提として含みます。したがって、実践、分析、認識、再実践となります。このスパイラルアップによって、質・量ともに一循環ごとに知が高まっていくのです。

マルクス主義を深く学んでいた毛沢東自身にとって、『実践論』はわかりやすい哲学書という位置づけでもありました。軍隊でリーダーが哲学を論じるなどということは、古今東西を見てもきわめて珍しいことでしょう。おそらく毛沢東とホーチミンの二人はこうした数少ないリーダーであり、実践家であると同時に知的なリーダーであったということがいえると思います。

三大規律と六項注意は人の立ち居振る舞いとしてほとんど当たり前のことを言っているだけです。たとえば、「やたらなところで大小便をしない」などというようなことです。人民を味方にしなければ、正規軍に勝てるはずがないのですから、こうした当たり前のことを徹底していったのです。

バトル・オブ・ブリテン

現在、我々が展開している「フロネシス」という概念のモデルの一人が「バトル・オブ・ブリテン」の指導者ウィンストン・チャーチルです。彼は、勝利の可能性がきわめて薄いなか、ナチスドイツに対してヨーロッパで唯一徹底抗戦し、天王山の航空戦では、レーダーを使ったり、あるいはスピットファイアやハリケーンなどの戦闘機に注力したりして、航続距離の短いドイツの戦闘機を空中戦に引き込んでは撃墜していきました。毛沢東の遊撃戦略と同じような戦い方を空中戦でやったのです。

一方で、チャーチルには広く深い歴史的想像力に裏打ちされた判断力がありました。議会政治を生み出したイギリスの首相であるチャーチルにとって、ナチスを率いるヒトラーは看過できない相手だったのです。ピーター・ドラッカーは、『「経済人」の終わり』の中で、「もしチャーチルがいなければ、アメリカもナチスの支配に対して手を出さずに終わったかもしれないことを実感するのは難しい。まさにチャーチルが与えてくれたものこそ、ヨーロッパが必要とするものだった。道義の権威であり、価値への献身であり、行動への信奉であった」と述べています。

リーダーの条件

このあたりから、毛沢東やチャーチルにある種の共通項が見えてきます。まず一つは、善悪の判断基準を持つ能力であり、これはその人物に強烈な理想（絶対価値）があるということです。チャーチルは、彼自身の歴史観に基づいて、「民主主義」という共通善（コモン・グッド）を守るために対独戦に断固立ち上がりました。そして、それが次の有名な就任演説になったのです。

「私には、血と苦労と汗と涙しか提供できるものがない。我々の政策が何であるかと尋ねられるならば、私はこう答えたい。それは、海陸空で全力を挙げて、神が我々に与え得る限りの力を尽くして戦争を戦うことである……（中略）……我々の目的が何であるかと尋ねられるならば、私は一言で答えることができる。勝利、あらゆる犠牲を払っての勝利、あらゆる恐怖をものともしない勝利、そこに至る道がいかに長くかつ困難であろうと、勝利が目的である」

二つ目が、文脈（コンテクスト）を読み、タイムリーに人と人との関係性を創る、場づくりの能力に優れていることです。チャーチルは、ルーズベルトやスターリンという首脳レベルの会合、つまり、サミットを初めて開催しました。また、国民に親しみを持ってもらうために、できるだけ国民に見られる機会を増やす努力を惜しみませんでした。爆撃された現場では涙を見せることを恥じる様子もありませんでした。そうすることで、他者と全人的に触れ合うのです。一方で、機微を読み取るのがうまく、状況に応じたユーモアのセンスがあり、最悪の事態でも絶妙なタイミングでユーモアを見せる能力に長じていました。

三つ目は、ありのままの現実を直観する能力です。現実直視です。毛沢東が編み出した知の作法のひとつ、細部にこだわり、現場で検証する「実事救是」です。チャーチルは頻繁に現場に飛び、「いま・ここ（here now）」のアクチュアリティに身を置いて、将軍たちと対話をしました。これに対してヒトラーが前線に出向いたのは、六年間の戦争期間中、ポーランドに進攻したときのただ一回です。グデーリアンという電撃戦を考えたドイツの将軍が、ロシア進攻時に、「冬のロシアの果てしなく広がる雪をその目で見て、そこに吹き抜ける凍てつくような風を肌で感じた者だけが、このときの出来事の本当の判断を下せるのだ」と書き残していますが、ナチスドイツはここで敗れるわけです。

チャーチルは、のちにノーベル文学賞も受賞した名文家ですが、同時に絵筆を持たせても巧みであり、挫折の多かった人生の気休めに多くの絵を描きました。また、技術的好奇心も旺盛であり、タンク（戦車）やレーダーの開発を徹底的に支援しました。チャーチルが実際にタンクの開発を推進したのは、海軍大臣のときのことです。第一次世界大戦時に陸軍のウェストン中佐が、敵のトーチカを囲む鉄条網を破るために、アメリカの農民が使っているトラクターに機関銃を積んだらどうかという提案をくり返しましたが、上層部からは拒否されていました。ところが、チャーチルだけが「面白い」と注目し、まず装甲車を開発、次に戦車を開発しました。ところが、開発当時はこれに適当な名前がありませんでした。そこで海軍大臣のチャーチルが、とりあえず「陸上の巡洋艦」としようということで、「ランドクルーザー」と名付けましたが、最終的に秘匿名称であった"Tank Supply"から「タンク」となったのです。

四つ目は、現場で得た本質直観を、生きた言語で再構成する能力です。チャーチルは、常に自分自身を歴史的視野の中に置きます。毛沢東もそうでしたが、そもそも歴史が大好きなのです。マコーレーやギボンなどの歴史書、プラトンの哲学書を読み込んで、彼自身の中に絶対価値を構築し、それをバックボーンとしながら、個別具体の細部にわたる事実で歴史の物語を補完していきました。また、彼の文学的な言語能力、レトリックは、政治家には不可欠のユーモアのセンスと国民を奮い立たせる演説で発揮されました。空襲下のロンドンでは連日彼のラジオ演説が行われましたが、それは見事なシェイクスピア調でした。ロンドン市民はそれを聞かないと眠れなくなったといわれています。

五つ目が、あらゆる手段を巧みに使って概念を共通善に向けて実現する政治力です。彼はパワー体系の構築が得意で、政策を機動的に実現するために、全省庁横断的なタスクフォースでWar Cabinet（戦時内閣）を形成しました。そこには、自ら国防相を兼任し、有能な人材を抜てき配置するのです。日本軍でも、硫黄島の守備戦では、栗林中将が彼のコンセプト――つまり水際ではなく引き込む作戦に抵抗した参謀を解任しています。戦時では、こうしたパワーマネジメントが特に重要になるのです。

軍事作戦にも積極的に介入しました。そこで、本質的な議論を絶えず参謀本部に投げかけます。つまり参謀を徹底的にこき使うのです。そして、最終的な判断はチャーチル自身が下す。チャーチルは、「議論は大いにするが最後は俺が決める」という「討論による独裁者」でもありました。

そして、攻撃精神＝ファイティング・スピリットです。開戦したら最初の六カ月が勝負です。敗北主義者を徹底的に説得し、取り込んでいきました。全体の戦意をくじかないためには、勝てる攻撃をする。北アフリカ戦線の砂漠でロンメル軍を打ち破った時には、国中の教会の鐘を鳴らしました。北アフリカ戦線は、戦略的には決定的な戦いではなかったのですが、あえて誇大にやったのです。

また、政治的な葛藤のプロセス処理では、弁証法（dialectic）と感情的武器の双方を駆使して妥協を乗り越えようとしました。説得、怒り、嘲り、冷やかし、ときには涙を見せる、などあらゆる手段を巧妙なバランスで取り込んだのです。まさにマキャヴェリ的ですが、悪を理解できない人間には、善も実践できないのです。

六つ目は、抜擢した人材を育成し、組織内に分散（distribute）することです。状況、文脈に応じて人材の抜擢とすげ替えを頻繁にし、人材のイニシアティブを触発する、あるいは絶えず本質的な質問を投げかけるなどしました。陸海軍三軍の参謀長たちがチャーチルに反論するには、チャーチルを上回る高度で緻密な反対意見で応酬せざるを得ないので、彼らも極限の知恵を絞らされました。問題設定によって、徒弟制度的に部下を育成していったのです。

しかし、これほどの人物でありながら、やはり見えないものもありました。かくも偉大なリーダーにも読めないものがあるのですから、重要なのは一人のカリスマよりも全員カリスマをつくるということであり、それが大きな課題になってきます。

フロネシスとしての戦略

戦略の本質とは何かを求めて調べた戦争におけるターンアラウンドの事例は、およそ一年でまとまりました。しかし、この本が出版されるまでにはさらに八年を要することとなりました。なぜなら、これだけの事例を分析しても、戦略の本質が何かはわからなかったのです。もちろん、本質がわからなくても本は書けます。でも、そういう本は残らないのです。

さらに議論を重ねて、ついに「フロネシス」というアリストテレスの概念に我々はたどりつきました。『失敗の本質』は五年をかけましたから、合わせて十数年の年月をかけて、やっとめぐり合えたことになります。

では、フロネシスとは何でしょう。戦略とは最も高度な政治的判断（Political Judgment）です。政治というのは可能性のアートであり、交渉と調整のプロセスを通じた未来創造です。その根幹にあるのが、フロネシスという知なのです。

英語で言えば prudence（賢慮）、または practical wisdom（実践的知恵）です。これはアリストテレスの『ニコマコス倫理学』で述べられています。共通善（コモン・グッド）という、決して手段にはならない絶対的価値（幸福や自己実現など）が世の中にはあります。一方で金銭は常に手段にすぎません。毛沢東にも、チャーチルにも、大義という共通善（コモン・グッド）がありました。チャーチルにとってそれは西欧近代の民主主義であり、毛沢東にとっては農民革命でした。彼らは大きな歴史的考察の中から自らの共通善について徹底的に考え抜き、実践したのです。

しかし人間の世の中は、一寸先は闇です。コモン・グッドという大きな概念やビジョンを持ちながらも、それを実現していく過程では、個別の具体的な文脈のただ中で適時適切な判断をできる能力が求められます。そういう実践知こそが「フロネシス」なのです。また、その持ち主のことを「フロニモス」といいます。これは、簡単に言えば wise leader ということです。

この概念は、政治学では一部展開されていたものの、マネジメントでは比較的無視されてきた概念です。というのも、ビジネススクールでの教育は初めに理論ありきで、それを現実に適用していくというアプローチです。そして、現実と理論とが合わない場合には現実が間違っている、という発想が強いのです。たとえば、完全競争という理想郷があると仮定し、そこでは独占的利益は獲得できないので、「それを逆利用して不完全競争に持ち込むのが戦略である」と言ったのがマイケル・ポーターです。このポーターが二〇一一年一月の『ハーバード・ビジネス・レビュー』で、「creating shared value」ということを言い出しました。要は、従来のCSRは偽善的な慈善事業である、企業にとっては本業で社会貢献を行うことが社会と企業に共通する価値を創造することではないのか、というのです。これは、彼がこれまで言ってきたROIC（投下資本利益率）を最大化するという理論に、社会貢献という覆いをかぶせたものにしか見えません。

一方、日本企業は無理にこのような概念化をしなくても、「世のため人のため」、「企業は社会の公器」、「不言実行、知行合一」、等々の立ち居振る舞いを企業DNAとして脈々と受け継いできました。ですから、日本では、共通善の実現を目指す実践知、という概念は受け入れられやすいはずです。一方、practical wisdom という概念は米国、とくに経営の分野ではほとんど無視されてきたといってもよいほどです。ようやく、米国でも最近になって『Practical Wisdom』という本が出ました。

ここで非常に重要なのはコンテクスト（文脈）です。文脈というのは言葉の前後関係です。たとえば「結構です」が、いいという意味か、いらないという意味かは前後関係でしかわかりません。文脈を洞察するのが知恵の源泉であり、そういう生きた現実の相互作用の中で、何が just right かを見分ける能力が知恵だということです。そういう意味では、フロネシスは、一部の儒教、あるいは陽明学、武士道や中国共産党の「実事求是」などで、東洋的発想に近いところがあります。

また、従来の経営学の理論では、意思決定（decision）という概念が支配してきました。ですが、意思決定は情報処理の結果であって、コンピュータでも意思決定はできます。しかし、文脈やその背後の関係性をどれほど広く深く読めるかは、人間が持っている想像力や判断力に依存するのです。たとえば、アメリカのオバマ大統領の演説には judgment（判断）という言葉が、decision（意思決定）よりも多い傾向にあるようです。オバマ大統領が文脈の洞察力というものを重視しており、それが、彼の知恵のベースとなっているからだと思います。

現在社会のように、状況が多様に急激に変化する複雑系の世界では、過去のデータを分析して意思決定していては遅いのです。いま・ここの文脈での判断（contextual judgment）、特に、適時適切な判断（timely balancing）ということが非常に重要です。それが出来るリーダーの能力をわれわれはフロネティック・リーダーシップと呼んでいます。wisdom は、実践の中にこそ存在するのです。

そして、私たちは、フロネティック・リーダーシップは日本のリーダーにも必要だ、ということを訴えたいのです。政治家だけでなく企業人も、ますます尊敬される政治家（statesman）にならなければいけません。日本の政治の現状を見るにつけ、我々は、政治に対して深くコミットするということを避けてきたのではないか、と思わざるを得ません。

実践知リーダーシップ

ハーバード大学のマイケル・サンデルの哲学に関する授業「ハーバード白熱教室」をＮＨＫで放映したところ、たいへんな話題になりました。マイケル・サンデルが来日した際には、日本でも『正義』の話をしよう」ということで、関連する哲学書が売れ出したという現象があります。哲学はハードルが高いと思って敬遠してきた人たちに哲学を学ぶきっかけを作ったということで、彼の影響力は大きかったと思いますが、その彼の言っていることは、基本的には「善（good）とは何か」「正義（justice）とは何か」ということです。

他者の権利を侵害しないかぎり、人は自由という基本的権利を持つという自由主義の考え方が欧米にはあります。これは、正義とは何かということですが、理想郷的な演繹的な論理構成で、カントやロールズらが主張している考え方です。この思想が極端に行きすぎて、さらに、市場原理主義と組み合わさると、個人主義に走ることになり、なるべく人の価値観には関与しない、生き方にも関与しないということになってきます。

しかし、善とは何かを追求すれば、善悪の判断が必要となり、どうしても我々の価値観や生き方に関わってきます。善を追求することは、我々は社会の一員として生まれ、生きている限り、まったくの自由を持つわけではないというコミュニタリアニズム（共同体主義）の考え方になるのです。人は、個別具体の状況や関係性の中で絶えず善とは何か、どう生きるべきかを追求していくことになります。マイケル・サンデルはコミュニタリアニズムの立場を取りますので、アリストテレスの現代版といえます。なぜなら、コミュニタリアニズム（共同体主義）はアリストテレスを源泉としているからです。ただ、サンデルはアリストテレスが提唱したフロネシスという概念に十分触れておりません。

何が「善いこと」かは価値観にかかわり、人それぞれです。そういう価値観の違いを、一人ひとりの主観からみんなの主観にする相互主観性、すなわちよりよい生き方というのは何なんだということを、みんなで議論しよう、世界的視野で議論しよう、公共の場で議論しよう。そしてわかり合うことによって相互尊重が成り立ち、公正な社会が実現するのではないか、と考えることができます。

ただ、この共同体主義が内向きになったとき、その悪い部分が出てきます。権力構造や、個人の権力、既得権を維持しようとする動きが出てくると、旧日本軍的な組織ができあがってしまいます。それとは反対の開かれた共同体が、これからの生き方だろうと思います。

ヒーローは乱世に生まれる

戦時のヒーローやカリスマはというと、我々の研究ではチャーチルや毛沢東、あるいはホー・チ・ミンということになって、現代のヒーローやカリスマを見つけ出せずにいました。そこで、昔の人はわれわれより本当に優れていたのか、という議論もかなり重ねました。我々の結論は、乱世にはヒーローが生まれてくるものだ、ということです。

たとえば、第二次世界大戦でイギリスの戦時内閣の首相として国民を主導したウィンストン・チャーチルでさえも、もしヒトラーがポーランドに進攻しなければ、あのような表舞台に戻ることなく引退したはずの人なのです。それまでの彼の人生は、どちらかといえば失敗のほうが多かったのであり、カリスマ的なリーダーとして歴史に名を残すことはなかったでしょう。

すべては乱世のなせる偶然だったのかもしれません。人間は、社会の秩序が成熟すればするほど、本来持っている想像力や困難をはねのける胆力、あるいは実践力や試す力が抑えられてしまいます。過剰コンプライアンス（over compliance）です。企業でも、上司が何かにつけて部下に対して、「大丈夫か」と言ってきます。「大丈夫か」と問われて、「大丈夫」と答えられるでしょうか。それはリスクをとるのかと詰め寄っていることに等しい。ですが、取締役会で「やってみなければわからない」と答えれば、新しいことを試せなくなり物事は通らなくなります。

天変地異も含めて、乱世とはそういうものです。これまでの桎梏《しっこく》から解き放たれるのが乱世です。そして、今は乱世なのです。天変地異も含めて、社会に劇的な環境変動が起こったとき、一人ひとりの能力の真価が試されます。真に知力や創造力、胆力のある人間が選び出され、リーダーが出てくるのです。いままさに、全員リーダーの状況からその兆候が出てきています。バブル崩壊後の二〇年余りの間、我々は、政治も企業経営も、ひょっとしたら内向きで、内部競争に明け暮れていたのかもしれません。その意味で、現在のピンチはチャンスです。まさにリ・クリエーション（再創造）であり、そういうときには、一人のカリスマではなく、全員がカリスマになることが必要です。

非常に面白い現象が、実は米国でも起こっています。ワンマン経営で有名なシスコ社のジョン・チェンバースが、トップダウン経営からコラボレーションとチームワークの経営に一八〇度転換すると宣言しています。七万人強の社員全員が社内のSNSを使って、自分たちの得意技を全員で共有し合いながら、やりたいチームが内発的自在に集まって、知を創造しよう、ということを始めました。

これをチェンバースは自立分散アイデアエンジン（distributed idea engine）だといっています。我々の自律分散のフロネシス（distributed phronesis）ときわめて似てきています。トップダウン、ボトムアップ、それを両立させる「ミドルアップダウン」と我々が言っている動きです。彼は、ミドルがリードする（leading from the middle）という言い方をしていますが、それによって社員一人ひとりの立場で最適な判断をタイムリーに下せる俊敏さを目指す、と述べています。こうしたことからも、自律分散のフロネシスという考え方が、不確実性の高い世界における経営のあり方ではなかろうかと考えています。

乱世である現在においては、共通善の価値基準を持ち、それをベースにしながら個別具体のミクロの現実を直視して、その背後にある関係性を洞察し、マクロの大局と結びつけて、最適かつ俊敏な判断を行う、全員ヒーローの経営を我々は目指すべきと考えます。ヒーローやカリスマと言っても、決して上から目線で物を言うようなことではだめです。ミクロとマクロの視点を自在に操るためには、自分の思いこみやエゴをわきによけて、謙虚にありのままを直視することから始めなければならないと思います。たとえば、原発の問題も、世界の安全保障という大局から日本がなすべきことを謙虚に考える姿勢が必要だと思います。そうした新たなヒーローやカリスマを多く育成することが、新しい日本をつくっていくことにつながっていくと考えます。

企業価値を持続的に高める経営とは

一橋大学大学院商学研究科教授　伊藤　邦雄

解けないパラドックス

オックスフォード大学ハートフォード・カレッジ学長のウィル・ハットン氏が二〇一三年一月に来日しました。同氏は親日家でもあり、「世界で最もイノベーティブな国は日本だ」と考えています。それが事実ならば、当然パフォーマンス（業績）もついてくるはずです。しかし、現実はそうではありません。日本企業の収益性は主要国と比べても見劣りするのが現状です。ハットン氏は、長期志向型の経営を旨とし、ポテンシャルも含めて最もイノベーティブな日本企業がここのところ短期志向経営に陥っていることを最も憂慮しています。

日本はイノベーティブな国としてのポテンシャルを持っていますが、同時に持続的低収益性でもあります。時に業績のよいときがあっても長続きしません。それは「何かが欠けている」からです。その「何か」が、まさに本日のテーマでもある「企業価値を中心に据えた経営」だと私は考えています。企業価値にこだわり、企業価値を持続的に高める経営が欠如している、あるいはそういう要素が薄いということです。

企業価値の参考となるデータとして、ＰＢＲ（株価純資産倍率）があります。これは純資産を分母にして、株式時価総額を分子にして算出します。一を下回っていたら悲惨です。二〇一二年の中頃、日本は一倍を下回る水準でした。台湾でさえ一・四倍、アメリカは二倍、オーストラリアは二・五倍、そして中国が三倍を超えているときに、です。

私たちは「価値」で動いています。私たちの行動の原点には価値があり、東京スカイツリーやディズニーランドへ行ったり、あるいは高い価値をつけた人材を雇ったり、という行動をとります。にもかかわらず、企業に付けられた価値には、あまり執着がありません。例えば新日鐵と住友金属工業が合併して新日鐵住金となり、世界第二位の粗鋼生産量を誇る企業になりました。その結果、この会社が鋼板を提供しなければ自動車も製造できません。かたや、フェイスブックはなくても困らないともいえるものです。しかし、昨年末から今年にかけての時価総額を比べると、フェイスブックが八・三兆円で、世界第二位である新日鐵住金は二・四兆円です。なぜこれだけの差がつくのでしょう。

このパラドックスが生じている要因として、①グローバル時代における二枚舌経営の限界、②市場から不信を買う経営能力の劣化、③薄すぎるＣＦＯのプール、④日本企業の短期経営志向化、⑤コーポレートガバナンスの非同期、の五つを指摘することができます。

なぜパラドックスが生まれたのか

①二枚舌経営の限界　経済の調子がよかった八〇年代まで、日本企業は長期経営だと言われていま

した。資本市場はややもすれば短期志向の傾向があるので、日本企業は資本市場に対しては財務的な数字の達成をマーケットから期待されながらも、そこをうまく懐柔して長期経営をし、それが日本企業の繁栄を生み出していました。しかし、九〇年代以降、つまり〝失われた一〇年（もしくは二〇年）〟と言われるようになってから、これが市場から見抜かれたのではないかと考えられます。つまり〝良き二枚舌経営〟から〝悪しき二枚舌経営〟に変わっていったのです。

現在では、IR（Investor Relations）活動は当たり前になりました。日本IR協議会は二〇一三年で設立二〇周年を迎え、その意味でIRは定着しました。IRでは、ROEやEVAなどさまざまな指標を使って資本市場と約束をします。しかし私から見ると、多くの会社では、外部ではこれらの言葉を使って約束をしながら、社内では同じ言葉がほとんど語られていない状況です。社外と社内とで言語を使い分ける、ということが起こっているのではないでしょうか。また、中期経営計画の達成度をはじめ、「開示は開示、ディスクロージャーはディスクロージャー、IRはIR、経営は経営」と、どこかで割り切っていないでしょうか。

②市場から不信を買う経営能力の劣化　横浜市立大学の中條祐介教授の調査によると、調査対象会社（有効回答数三七五社）のうち八八％が中期経営計画を策定しています。そのうち、目標値を達成したのは、売上高に関しては八％、営業利益に関しては一四％、そして当期純利益に関しては一四％に過ぎず、中期経営計画の目標値を達成した企業の割合はきわめて低いことが分かりました。また達成の水準をみてみると、売上高の達成度は平均でマイナス二〇％、営業利益はマイナス四六％、そし

て純利益となるとマイナス七五％となっている。平均でこれだけ達成できていないというのが実情です。

これによって、中期経営計画を開示しても達成できていない、という実態が浮かび上がってきます。つまり中期経営計画、あるいは業績予想として発表はしても、資本市場は計画の実効性に懐疑的になっています。計画未達が続く中では、日本企業に本当に実行力があるのかという疑問が惹起されます。

③薄いＣＦＯのプール　ＣＦＯとはチーフ・ファイナンシャル・オフィサー（chief financial officer）の略です。日本企業が苦戦を強いられた重い要因は、ＣＦＯとの関係にあるのではないかと思います。

ある熟練ＣＦＯと話していたとき、「ＣＥＯとＣＦＯとはどのような関係ですか」と突然質問してみました。そのときははっきりした答えはなかったのですが、その方はあとでメールをくださいました。以下は、そのメールの内容です。

「病院の手術室を想定してみてください。いま医療チームが外科手術を始めます。執刀医はＣＥＯ。ＣＦＯは麻酔科医の役割です。つまりＣＥＯが外科手術の執刀をしているわけです。もちろん医療チーム全員が患者さんの健康を回復させたいと願っています。そこでＣＥＯはメスを握っているのです。そして麻酔科医であるＣＦＯは、その手術を受けている患者さんの状態を、データを取りながら観察しています。ある状態になったら、その執刀医（ＣＥＯ）に、『これ以上外科手術は無理です』

または『まだ大丈夫です』と、アドバイスしたり、進言したりします。CFOは、このように状況をデータをもとに冷静にCEOに時々刻々と説明する役割です」というものでした。

確たるCFOがいないCEOは、どのように振る舞っているでしょうか。私の経験からは、CFOは大事なときにブレーキを踏んでいるように感じます。ところがCFOがいないと、CEOはアクセルとブレーキを両方備えて、自分で調整しなくてはなりません。ひとりでアクセルを踏んだり、ブレーキを踏んだりしているうちに、意思決定が遅れます。場合によっては問題の先送りになるようなことが起こってしまいます。

また、かなり厳しいことを言ってくれるCFOがいれば、思い切ってアクセルを踏むことができます。ところが、そういうCFOがなかなかいないのが現状です。財務・経理本部長はいます。その場合、CEOが対等といえるくらいにその人を見ているかどうかが重要です。財務・経理の専門家程度に見ているなら、まったく対等ではありません。「とにかくうるさいことを言う財務・経理本部長」くらいになってしまいます。これが問題なのです。

④日本企業の短期志向化　冒頭に、ハットン学長の懸念に言及しましたが、それを裏付ける証拠があります。二〇一一年五月に、私の研究室で各社の経営戦略部門責任者にアンケートをとった結果、日本企業には、経営の短期志向化が進展していることが判明しました。「できれば長期的な経営をしたいが、現実には短期的な経営になっている」と経営戦略部門の人たちは思っているのです。つまり、あるべき姿と現実の間にギャップができてしまっているのです。

かねてよりコーポレートガバナンスが日本企業は未整備で弱いと批判されてきました。そこで日本企業の短期志向化が問題になっています。果たして両者の間には何か関係があるのでしょうか。

どこの国と比べるかという問題はありますが、やはり日本企業のコーポレートガバナンスが弱いのは事実です。比較的企業規模の大きな会社では、社長の在任期間が慣例的にあるいは暗黙の了解事項として、四～六年というケースが多い。四～六年で交代するのであれば、社長になれる人、あるいはそういう期待をもつ社員は多くなります。あるいはそういう希望を持つ人は多くなるので、それもよいかもしれません。不適格な社長がかりに選出されても、四年で代わるのであれば、会社が倒産するまでには至らないでしょう。

いずれにしても、社長の在任期間が比較的短い中で、長期経営が可能かという問題が起こります。

⑤コーポレートガバナンスの意図せざる同期化　一方で、持続的に企業価値を高め続けている会社の社長の任期は、比較的長いという事実もあります。裏返せば、もしコーポレートガバナンスがしっかりしてさえいれば、社長が長期政権で暴走しそうなときは、ガバナンスが強いのですから、キュッとブレーキをかけられます。しかし、ブレーキをかけにくいのであれば、社長の任期は短いほうが安全です。つまり、社長の在任期間とコーポレートガバナンスの水準の低さの間には、意図せざる同期化、意図せざるマッチングがみられるのです。

私が行った調査をここで紹介します。二〇〇三年度～二〇一一年度に「トービンのQと経営者の在任期間」の関係を取ったものです。ここで在職年数を見ると、トービンのQ（〈負債の時価総額＋株式時価総額〉／資産の時価総額）が高ければ高いほど企業価値を生んでいる、あるいはマーケットで高い評価を受けている、ということになります。トービンのQは在任年数が長くなるにつれて上がり、七から八年目あたりがピークで、その後も一〇年から一二年目くらいまでが非常に高い水準になります。これを見ると、社長として長期経営ビジョンを掲げて、実行して、最高の成果が出てくるのがこの時期だということになります。

「ROAと経営者の在任期間」との関係をも調査してみると、在任期間が長ければ長いほど高いとまではいえませんが、在任年数が一二〜一三年ぐらいまで右肩上がりです。約四年で退任してしまうと、業績や企業価値を十分に高めることなく終わってしまうということになります。

経営者の在任年数は長いほうがよいというわけではありませんが、社長の在任期間が短いと、長期志向の経営を実践できず、したがって業績や企業価値を最大化できないという問題と向き合う必要があります。したがってコーポレートガバナンスの議論だけをしていても仕方がありません。社外取締役を入れるかどうかなど、非常に狭い議論をしていても仕方がないと思います。やはり企業価値との関係で議論すべきなのです。

これまで日本企業のイノベーション創出力と持続的低収益性というパラドックスの要因と思われることを話してきました。そして、その背景には企業価値に対するこだわりが淡白なのではないかと論じてきました。果たして、企業価値という観点から、さまざまな経営上の諸問題を判断しているでしょうか。ときに企業価値という言葉を都合のよいときばかり使って、一貫してないのではないでしょうか。R&Dも、利益配分も、人材育成も、事業の選択もすべて企業価値に照らして考え、意思決定することがきわめて重要です。またCFOも、もう少し計画的に育成するべきです。

日本企業は、そろそろ二枚舌経営と決別しなければなりません。いまは、たしかに外国人投資家の資金が戻ってきていますが、また出ていってしまう恐れがあります。そういう意味では、一貫性を持った企業価値を高める経営をしていく必要があるでしょう。

私がこだわりたいのは、〝持続的に企業価値を高める〟という点です。たしかに、いままでお話ししたようなことを解決していくべきだと思いつつも、それだけでは足りない部分もあります。企業価値を持続的に高めるには、もっと経営能力を高めていかなくてはなりません。

これまでの日本企業の競争力

少し見方を変えましょう。日本企業の経営能力、企業競争力という進化プロセスを大胆に整理してみたいと思います。最近ではパソコンのOSにならって整理する仕方が見られるようになりましたので、私もその整理の仕方を取り入れてみたいと思います。

企業競争力1・0　日本企業の競争力が世界から注目されるようになったのは、「基盤競争力」が「企業競争力1・0」として確立されたからです。簡単にいえば、品質とコストがトレードオフとされていた中で、日本企業が高い品質とコストの低減を両立することに成功したのである。だから〝メイド・イン・ジャパン〟といわれ、〝カイゼン〟が世界的にも注目されるようになったわけです。さらに、長期雇用に基づく企業特殊的知識の伝承もうまくなされていました。

企業競争力2・0　そして、「日本的経営」に磨きをかける時代が次に訪れます。それを「企業競争力2・0」と呼びましょう。企業競争力1・0が基礎競争力モデルであったのに対して、企業競争力2・0は「自己最適化モデル」です。「企業競争力2・0」では、高付加価値で高収益性が実現されました。つまり、必ずしも持続的低収益の時代だけではなく、この時期は高収益の時代でもあったのです。トヨタはトヨタウェイという理念を浸透させました。それから自前主義に基づく突出した技術をもった村田製作所のような会社が代表例でもあります。そしてサプライチェーン、あるいはバリューチェーンのいろいろなところをもっと高める経営をし、自動車産業における「すり合わせ能力」が非常に卓抜していました。いまでも日本の自動車産業は、世界に冠たるすり合わせ能力を持っています。

企業競争力3・0――自律的全体最適経営に向けて　そして、企業競争力3・0です。その全体を、「自律的全体最適化」と呼び、その下に、①縦割・部分最適からの脱却、②横断知の創造、③鋭敏な組織感応力、④危機耐性力・危機進化力、⑤企業ブランド経営の実践があります。以下では①、②、⑤について説明します。

縦割り・部分最適からの脱却　「全体最適経営の類型」として、網羅しているわけではありませんが、キヤノン、ホンダ、TOTO、セブン&アイ、花王、トヨタ、日産、ダイセル、信越化学、京セラなどが挙げられます。もちろん、これだけではありません。これはあくまで例示です。

分類すると、まず縦型・横型に分けられます。例えば、「研究開発→生産→販売」というラインを

「縦型」と呼び、事業部間を「横型」と呼びます。縦型は、要するにバリューチェーンです。バリューチェーンの全体最適化を図った会社、横型で全体最適化を図った会社、両方取り入れた会社と、いくつかのタイプがあります。

例えば、漸進的に全体最適を進めていったトヨタ型、日産のようにかなりレボリューショナルに、カルロス・ゴーンのもとで全体最適を実現した会社のタイプ、ホンダに代表される「律速克服型」などです。

組織のなかでは、能力が高い部門とそうでない部門と、だんだん開きができてしまいます。そうなると全体最適はできません。能力の高い部門の人たちは、自分たちのほうが優秀だと思っているので、全体最適といわれても馴染みません。ホンダは、能力の低い部門を高めたうえで全体最適を行いました。能力や意識も高めることで「バランス」を取っています。〝ボトルネックを高めていく〟といってもよいでしょう。

また、信越化学、京セラは、一見全体最適とは反対で、むしろ「部分最適追及型」です。ところが、会社全体の仕上がりは全体最適的になっています。アメーバ経営といわれるように、小さく刻んでいけば部分最適の権化のようになります。しかし、京セラはそうならないような工夫をしながら部分最適を追及し、全体最適を実現しています。

キヤノンの御手洗冨士夫氏は、自らの社長時代の経営のスタイルを「全体最適経営」と呼んでいます。そして「事業部制が行きすぎれば、各事業部が自身の事業利益を最優先するので、当然ムダも出てきます。社長はつねに会社全体の効率が上がるように、全体サイクルで事業を考えなくてはなりません。しかし、社長だけが全体最適を志向していればよいわけではなく、社員も全体最適を考えて行動しなければなりません。それは、大変勉強になるうえ、会社の業績向上にも貢献することになります。だから若いときからそういう癖をつけることが大事なのです」と述べています。

全体最適を長い間ずっと追いかけてきたのがホンダです。先ほど、縦の全体最適と横の全体最適があると言いました。ホンダは研究開発の人のほうが優秀で、生産部門のほうが能力は低いと暗黙の思い込みがありました。しかし経営トップが入れ替わり、現在の伊東社長のもとで見事に変えたと言ってよいと思います。そういう意味では、バランス型です。

ダイセルは化学の会社ですが、通常、全体最適化する場合、トップの強力なリーダーシップが必要です。しかし、ダイセルの場合はミドル主導です。ミドル主導で、一気呵成に全体最適を実現したという例です。

ＴＯＴＯは最近、業績が好調です。従来、製品開発において、事業部間の協力・連携はありませんでした。ところが、最近では非常に画期的な製品が生まれています。それは事業部間の連携によるものです。ウォシュレットは、衛生陶器とエレクトロニクスの部門がまさに連携して生まれた商品です。さらに、いまいろいろな革新的商品が生まれてきています。

トヨタは漸進型の全体最適で、日産は変革型の全体最適だと先ほど言いました。だから狙っている全体最適という姿は同じでも、タイプは違います。トヨタには、「桶理論」というものがあります。正常でない桶には、欠けている部分があるがゆえに水が貯まりません。また、桶を構成する板がやたらと高い部分があっても他の板が低くてバランスが悪ければたくさんの水は溜まりません。さらに穴まで開いていて水が漏れだすような桶です。正常な桶と比べてみてください。この桶のパーツ・パーツを部門だと考えると、大変わかりやすいと思います。トヨタには、以前からこのような発想がありました。これは、全体最適を作り出すためには、「律速」を克服すると同時に、全体としてレベルアップしていくことが必要という考え方の例えです。

ホンダがバランス理論なのは、生産部門と研究開発部門で行ったからです。それから二輪車と四輪車でも全体最適を図っています。四輪車のほうが上、二輪車のほうが下と思われていたところ、それを否定して二輪の能力を上げています。このように意識のレベルを合わせていったのです。

日産の全体最適に向けた手法は、クロス・ファンクショナル・チームのメンバーが議論して、カルロス・ゴーン氏、志賀俊之氏に提言します。一〇チーム前後のクロス・ファンクション・チームがあり、部門横断で行われています。

また、「V―Upチーム」という、もっと現場近くで、かつ部門横断によるチームがあります。このV―Upチームは、ある種のコンサルティングをするチームです。素人ではコンサルティングはできないので、必要なスキルを教え込んでいます。このV―Upチームのやり方は、他の会社ではなかなか真似できるものではありません。このV―Upチームもしくはクロス・ファンクショナルな横断的な活動に参加した社員は、日産のグローバル全社員の五割以上になります。半数以上の人たちが、このどちらか、もしくは両方の活動に参画しているのです。そうすると、企業文化は相当、部門横断的になっていきます。日産はV―Upチームを使って、このノウハウを提供する新規事業も始めています。

横断知の創造　横断知も重要です。こう語るのはトヨタ出身で、大野耐一さんの薫陶を受けた経営者です。その方は「縦割分業はアメリカ由来のものである」と述べています。日本は、職人のような人がいて、部品の調達から設計、製造まで何でもやります。これはやや縦系列で、バリューチェーンです。これが日本の原点です。しかし、今日欧米化してしまい、プッツとつながりを切りました。歴史を思い起こし、オールマイティの人材育成を本気で考えなければならないと述べています。

横断的な組織でしか横断的な人は育ちません。縦割では、機能別の人が育ちます（自動車産業なので、これを「機能別」と呼んでいます）。セクションごとの個別の活動では、大きな発想転換は生まれません。個別の活動でも成功する時期があります。しかしその後、大きな発想転換ができなくなります。まさに、ある種の硬直化、エントロピーの法則が働いているのだと私は思います。各セクションが横断的に一体化したとき、新しい発想が生まれてきますが、この〝一体化〟が難しいのです。改革は、縦割組織ではなく、横断的な組織から生まれます。

この方いわく、大野耐一イズムの原点は、非常に厳格な現状否定です。延長線ではコスト競争には到底勝てません。人間は何かできたときに自慢し、現状肯定になってしまいます。それがときに威厳と化し、今度はそれを否定することが難しくなります。しかし、それを否定することが大事です」。何気ない言葉ですが、この言葉がわれわれに投げかけていることは大変大きなものです。

「失われた一〇年」などと言っているけれども、結局、ジャパン・アズ・ナンバーワンなどといわれて自慢し、現状肯定に陥ったのです。さらに日本企業からは当初ほとんど無視されていたＥＭＳ（受託製造会社）は雇用を増やし、技術力を磨いていきました。

縦割をすべて否定するわけではありませんが、「縦割知」からは大きな発想転換は生まれません。だから、「横断知」を真剣に創造する必要があります。細部を知らなくては何も語れないけれども、細部だけ知っていても、福は生まれません。福は、やはり全体から生まれるのです。かつての日本企業は、これが強かったと思います。神は細部に宿るので、匠はどんどん細部を磨いていきました。しかしそこには、全体にもっと目配りする人材が必要だったのです。

つまり、全体最適をプロデュースできる人材を育成する必要性があるということです。あるいは、社員一人ひとりにもう少し全体が宿るような仕掛けや工夫をしなければなりません。それから横断的組織の編成です。横断的に人を集めることはどの会社でも可能ですが、そこから一体化させるまでが難しいのです。しかし、そこまでやらなくてはなりません。

企業ブランド経営の実践　全体最適経営の中でもう一つ大変重要なのが、会社のブランドを高める経営です。企業価値を有形資産と無形資産に分けると、この一〇〜一五年では無形資産のほうが企業価値に貢献したという調査結果が出ています。その無形資産の中核に位置するものが、その会社の企業ブランドです。企業価値の決定因子である無形資産の中で中核的なものである企業ブランドは、「連結環」の役割を果たしていると私は思っています。

一つ目は、各事業部、部署をつなぐ連結環です。つまり全体最適に向けて組織を動かす役割を果たします。ひとつの事業部門だけでは企業ブランドは高まりません。だから、全員で高めようとする努力が必要です。企業ブランドを高める議論をしていると、最初は部門代表的、利益代表的な考えを持っていても、次第にそのような発想や考え方がすっと影を潜めていきます。会社のブランドをどう高めるかという話は、部分最適からだんだん全体最適のほうへ人々の気持ちを変えていきます。こういう形で、全体最適のほうへ向けていくのです。

二つ目の連結環は、社員と社員をつなぐ連結環です。成果主義自体を否定するつもりはありませんが、成果主義だけではギスギスしてしまいます。自分の成果を高め、目標達成しなければボーナスはもらえません。自分の目標達成にまい進すること自体悪くはないけれども、もう一方で全員が一致協力して企業ブランドを高めるという、全社員共働的な営みをしないとバランスが悪くなります。成果主義ばかりが注目されて前面に出てしまったために、なかなか会社全体のパワーが高まらなかったのです。

企業ブランド経営は、成果主義による個人最適・部門最適を緩和し、チームワークを喚起し、遠心力と求心力のバランスを作り出します。そして社員は、自発的に仕事のバーを高めるようになっていきます。

〝企業価値〟というひとつのキーワードがありました。便宜的には株式時価総額と言っていいかもしれません。経営者の皆さんは、企業価値に対しては当然鋭い関心を持っています。社員はどうかというと、おそらくピンと来ないでしょう。われわれの行動様式は価値で支配されていながら、企業価値となるとピンと来ないのだから、企業価値を持続的に高めるのは非常に難しい。だからといって、経営トップが社員に向けて、「企業価値をもっともっと見つめろ」と言っても、何のことを言っているのか社員にはわかりません。

企業価値の向上には、無形資産が寄与します。そして、無形資産の中核的なものが企業ブランドなので、この企業ブランドを高めると企業価値が高まってくるわけです。企業ブランドを高めるといっても、日本の組織人の皆さんは、海外の人に比べてややわかりにくいようです。社員の皆さんも、ある種のブランドやパーソナルバリューを持っています。会社のブランドが高まれば、個々の社員のブランド価値、あるいは個人の価値は間違いなく高まります。このパーソナルブランドの価値を高める努力をすると、それが企業ブランドに結びついていくのです。つまりこれがグルグルと回るような経営ができると、非常によい会社の形になっていくと思います。

つまり企業ブランドが高まると、自分の価値も高まり、さらに企業ブランドもまた高まるので、企業価値も高まっていくという連結環の中で、全体最適化という経営を実現し、企業価値を持続的に高めることが必要です。これからの経営は、このように企業価値を持続的に高めるあらゆる努力をすることが望まれます。

統合から生まれる新たな価値

ＪＦＥホールディングス株式会社代表取締役社長　馬田　一

発足から一〇年の歩み

ＪＦＥグループは、二〇〇二年に旧ＮＫＫ（日本鋼管）と旧川崎製鉄が合併して誕生しました。二〇一二年は満一〇年という節目を迎えるので、統合からの一〇年を振り返り、ＪＦＥグループがどういうことを行ってきたか、今後目指していく姿はどういうものかを中心にご紹介し、最後に経営についての私の考えを述べたいと思います。

二〇〇二年九月にＪＦＥホールディングスが設立され、旧ＮＫＫと旧川崎製鉄がその傘下に入りました。それから半年後の二〇〇三年四月、旧会社二社を事業ごとにＪＦＥスチール、ＪＦＥエンジニアリング、ＪＦＥ都市開発、川崎マイクロエレクトロニクス、ＪＦＥ技研の事業会社五社に再編。それから一〇年がたちましたが、振り返ってみると、大きく三つの時期に分けられると思います。

最初の二〇〇二年から〇五年の第一期は、会社が生きるか死ぬかという状態で統合したわけですから、統合効果を早期に実現することに全力を挙げました。

まず、設備の集約・削減を進め会社トータルでの生産性を高めると同時に、それぞれの設備の生産効率を上げることで、需要の伸びに対応するための増産を進めました。この間、世界の鉄鋼需要が大きく拡大し、販売価格が上昇したこともあり、二〇〇五年にはROSが一五％を超えるという、かつて経験したことのない業績となりました。

一方社内では、例えば製鉄所の部長を地区間で入れ替えることで、旧会社間の人事交流を進めました。グループ会社については、同じ機能の会社はすべて統合することを原則に再編を進めました。さらに会社が一つになって、様々な場面でどちらのやり方がいいかという問題が出てきましたが、できる限り定量的に判断しようということで、評価基準の定量化を基本方針に進めました。

二〇〇六年から〇八年の第二期には、コンプライアンス（CSR）を確立し、ガバナンスをしっかりと立て直すことをはじめ、お客様志向（CS）を強化する活動、システムの統合やベストプラクティスの追求により、業務の全社標準化を目指す活動に取り組みました。

当時業績が上向くなかで、JFEグループではコンプライアンス上の問題が相次ぎました。旧会社での事案ですが、JFEスチールとJFEエンジニアリングが独禁法の摘発を受けました。また、環境関連でもJFEスチール千葉製鉄所で排水問題が発生。当社の社会的信用は大きく傷つきました。

中でも二〇〇四年末に発覚した千葉製鉄所の環境問題は、製鉄所からの排水が水質基準値を超えていたことに加え、過去の水質測定結果が書き換えられていたもので、こうした二重のコンプライアンス問題の発生は、当社の存在そのものを危うくするものであり、CSRへの取り組みはまさに待ったなしの課題でした。私は二〇〇五年にスチールの社長になりましたので、この件は最初の大仕事となりました。

まず当社の目指すＣＳＲを「ステークホルダーの満足度を高め、企業価値を向上させること」と定め、当社が持続的に発展するためには、このＣＳＲの確立が必要不可欠であることを全社員に徹底しました。それと同時にＣＳＲ専属の部門を新設し、その活動を支援するために社長を議長とするＣＳＲ会議を創設しました。ＣＳＲ会議の下には重要テーマごとに部会を設け、ＣＳＲ意識の浸透やルールの整備・周知といった様々な活動を実行しました。例えば、従業員を対象にＣＳＲの確立のために何が欠けているのか、何が問題か、というアンケートを行い、その解析を「意識浸透部会」で行ったのです。同時に「企業ホットライン」を整備し、社内の問題をすくい上げる仕組みもつくりました。

ただ、こういうものを定着させるためには、どうしても一定の時間がかかります。こういう仕組みがあることを知らなければ社員も使いませんし、知っていても告げ口をするようで嫌だという抵抗感もあり、そういう意識がなくなるまでには、一年ほどかかりました。

今後もこうした活動を積み重ね、抜けや緩みが出ないよう活動を継続することが肝心です。このような不祥事がひとたび起こると、失われた信頼を取り戻すためには膨大なマンパワーと時間が必要となり、会社は非常に大きなダメージを受けてしまいます。

その他にも、お客様志向での商品の開発や研究、販売を推進することに注力しました。最初はお客様にアンケートをお願いし、当社の評価はどうなのか、どこが良くてどこが悪いのか、あるいはどの品種が好評でどれが不評なのか、という実態調査から始めました。

ＪＦＥスチールでは品種セクター制をとっていましたが、この品種セクターの壁を越えて、いかにお客様に対して総合的なソリューションを提供できるかが課題でした。品種セクター制というのは、薄板、厚板、鋼管といった品種単位で営業・製造・開発の各部門に横串を通し、品種ごとにこれらの部門が一体となって商品戦略を立案・実行していく仕組みです。しかしお客様から見れば、メーカーサイドの品種の区分けはどうでもいいわけです。

例えば、自動車メーカーのお客様から、車の軽量化をしたいという要請があった場合、JFEスチールには様々な材料があるわけですから、品種セクターごとに対応するのではなく、総合的にどの材料がいいかという対応をするべきです。

そこで千葉の研究所に「カスタマーソリューションラボ」を開設し、JFEスチールの持つ自動車に関するすべての材料を展示しました。それだけではなく、材料の加工、評価、実験などができる機器をそろえるとともに、車体の構造などを実物を使って調査できる作業エリアやお客様とお話をしながら検討を進められるミーティングエリアなども設けました。

同じように、土木建築分野のお客様向けに鋼構造材料に関する展示・実験設備として鋼構造ソリューションセンター「THiNK SMART」を京浜に開設しました。

この時期にもうひとつ取り組んだのが、スマートオフィス活動です。というのも、二〇〇五年あたりから収益も上がり、統合効果が出てきたということで、社内に緩みを感じることがありました。そこで業務の進め方の再構築に着手しました。

具体的には会議や報告の時間が長くなっていました。そうなると、当然その準備のためにも多くの時間を費やしているわけです。それによって、新しい創造的なものを考える時間が少なくなってきている、そういうことが実際に起きているのではないか、という危機感がありました。

社員がより高い付加価値のある仕事に取り組めるようにするためには、時間の配分を変えていく必要がありますし、今よりも仕事を早く処理することを考えなければなりません。一例を挙げますと、製鉄所が設備投資をする場合、担当部署が起案をして、それを製鉄所の幹部がチェックし、よければ本社の設備部門に来て、それから担当役員に行くというプロセスになっていたため、印鑑が約二〇個も並ぶことがありました。その都度担当者が説明に回って、二〇人が印鑑を押して承認しないと、最後の決裁まで行かないという大変効率の悪い仕事の仕方をしていました。膨大な時間のロスです。そこで、設備投資に関する規程を見直し、本社権限の製鉄所への委譲と、手続きの簡素化を行いました。

また、役員を先頭に、部長、課長、担当者、あるいは部長二人とその部下などが集団で報告に来る場合があります。ところが、報告をしているのは一人か二人で、あとはじっと聞いているだけです。とにかく報告に来るのは一人でいい、多くても二人までにしてほしい、と繰り返し言っています。

他にも、上の人に何か聞かれたら、すべて完璧に答えなければいけないと思うのか、準備を万端にしないと気が済まない人がいます。わからないことがあっても、それは後から報告すればいい、というようなことも言いました。

役員を回る順序も、必ず常務から順番に専務、副社長、社長と行きます。どうやら先に上位者に行くと、その部下にあたる人が困るのではないかとのおもんぱかりがあるようで、なかなか順序を崩せませんでした。これもきわめて非効率です。順番にこだわらず時間の取れる順に説明に行った方が効率的であると繰り返し言いました。

会議の時間もできる限り短くして、議題も減らす。出席者も、同一部門からは一人でいい、二人以上出る必要はない、といったことまで決めて効率化を図っています。また、本社で会議をすると倉敷や福山から関係者が出張してきて、わずか二時間の会議のために一日を潰していました。ちょうどこの時期にはテレビ会議システム等も進歩しており、これらのものを利用して業務の効率を上げ、なんとか個人が考える時間を増やそうと取り組んできました。

第三期は、リーマン・ショック後にあたります。リーマン・ショックで大きく事業環境が変化し、それに対応するために事業の再編に取り組んでいます。

まず二〇〇八年に、ユニバーサル造船を当社の事業会社に加えました。この会社はもともと〇二年に旧NKKと日立造船の造船部門を統合して発足した会社で、JFEエンジニアリングが五〇％を出資していましたが、さらなる再編を進めるために、当社がJFEエンジニアリングの持分のすべてと日立造船の持分の一部を取得し、子会社化したものです。次に、JFE技研を分割し、JFEスチールとJFEエンジニアリングに吸収し、両社の事業戦略と一体化した研究開発体制を強化しました。

また、JFE都市開発をJFEスチールに吸収しました。これは自社遊休地の再開発という所期の目的を達成したためです。川崎マイクロエレクトロニクスは、半導体の設計と製造を行っていましたが、製造から撤退しファブレス化しました。

さらに、JFE商事を二〇一二年一〇月にJFEホールディングスの完全子会社とする予定です。JFE商事は現在JFEスチールの持分法対象の上場会社ですが、今回当社の完全子会社とすることで、ＪＦＥスチールのみならず他の事業会社もＪＦＥ商事の持つ機能やノウハウを今後の海外事業展開の推進等に活用することができます。また、ＪＦＥスチールにとってもＪＦＥ商事との緊密性、戦略の一体性が高まり、鉄鋼事業のサプライチェーンをさらに強化し、競争力を向上することができると考えています。

この他にも、ＪＦＥスチール子会社の四つの電炉メーカーを二〇一二年の四月に統合することとしました。統合新会社は売上高でおよそ二〇〇〇億円規模となり、日本トップの電炉メーカーとなります。このように事業会社五社の体制は変わりませんが、その中身は環境の変化に対応し、大きく変わってきました。

ＪＦＥグループの経営方針と経営課題

当社を取り巻く環境は、この一〇年の間に大きく変化しましたが、この中でＪＦＥグループにとり、特に影響が大きいと考えているのが、

・アジアを中心とした新興国の急成長
・リーマン・ショック以降の日米欧の停滞
・資源・エネルギー価格の高騰
・地球環境問題
・急激な円高

の五項目です。

これらに対応するために当社が取り組むべき課題は、次の四項目に集約されます。

まず、「グローバルマーケットでの事業拡大」です。日本のマーケットは小さくなっていくわけですから、海外での事業拡大、とりわけアジアの中でどう事業を伸ばしていくかが重要です。これは何年も前から取り組んでいますが、さらに加速しなければなりません。

次に、「資源価格高騰への対応」です。鉄鋼業においてはコストに占める鉄鉱石や石炭などの原料費の比率が高く、非常に大きな問題であることはあらためていうまでもありません。

三番目に、「環境・エネルギー分野の技術開発・事業化加速」です。環境・エネルギーについて、社会の関心が高まっていることは、ビジネスチャンスがあるという発想で、開発・事業化を急ぐ必要があります。そして、これらの課題に取り組むのは人であり、「人材育成」が重要ということです。

日本国内の鋼材消費量は、一九九八年度にそれまでの約八〇〇〇万トンから七〇〇〇万トンに減少しましたが、その後漸増し、再び八〇〇〇万トンに戻りました。しかし、リーマン・ショックにより再び急減し、二〇一〇年度は幾分回復したといっても六〇〇〇万トンに過ぎません。足元、日本の製造業はどんどん海外に出て行く状況ですから、おそらくこの量が元に戻ることはないだろうと考えています。当面この程度の内需で推移すると考えておかなければならないでしょう。

内閣府が行った企業行動に関するアンケート調査の結果によると、日本の製造業は九〇年から一貫して海外生産比率を増やしています。現在、全生産高に占める現地生産高の割合は製造業全体で二〇％弱ですが、今後も当然増え続けると思います。場合によっては加速度的に増加していく可能性も十分にあると思います。

公共事業も、これは特にＪＦＥエンジニアリングへの影響が大きいのですが、九六年の三五兆円から毎年減少し、今ではほぼ半分になりました。これも、現在の財政状況やインフラの充実度からすると、再び増えることはあまり考えられません。いずれにしても国内マーケットは、今後期待ができないということです。

一方、世界の鉄鋼需要の推移を見ますと、一九九〇年にはほぼ七億トンでしたが、二〇〇〇年までの一〇年間で一億トン増えて八億トンになり、二〇一〇年にはさらに五億トン増えて一三億トンになりました。当社ではこれが二〇二〇年に一八億トンまで伸びると予測しています。地域別に見ると、増加するのは中国、インド、そしてその他のアジアの国々と見ています。他の地域はほぼ横ばいであり、アジアの伸びが世界の伸びといってもいいと思います。

国別の国民一人当たりの鋼材消費量の推移を見ると、日本は戦後復興の過程で右肩上がりに増えた後、東京オリンピックや大阪万博を経て高度経済成長が最終段階を迎えると、一人当たり約六〇〇キロで頭打ちになりました。

韓国は七〇年代から成長が始まり、ソウルオリンピックが開催された八八年には三〇〇キロ程度になりました。その後、日本を超えてさらに増えていますが、これは輸出が多いためです。韓国では自動車や家電、造船などの分野で圧倒的に輸出比率が高く、今後もまだ増えていく勢いです。中国も、やはり二〇〇八年の北京オリンピックに向けて急速に伸びました。これを見ると、日本、韓国、中国とほぼ二〇年間隔で鋼材消費量の拡大が起こったことがわかります。

この後に続くのはインドだと見ています。インドはまだ五〇キロしか消費していません。これが倍の一〇〇キロ程度になったとき、インドの急成長が始まると予測しています。ちなみに中国は、現在四〇〇キロを超えるところまできていますので、あと約二〇〇キロ程度は増える余地がありますが、そこまで来ると一度頭打ちになると見ています。

今、日本全体の鋼材輸出比率は四五％程度ですが、ＪＦＥスチールはそれよりも少し高く、およそ五割を占めています。この輸出の採算が、円高により落ち込んでいます。このため、これからは海外に生産拠点を増やしていかなければなりません。

また、鉄鋼は大きくて重いものですから、輸送コストがかかります。したがって、遠いところに運ぶと輸送費がハンディキャップになるので、もともと輸出先としては近場である東南アジアを中心に考えていかざるを得ません。それよりも遠い市場についてはやはり現地での生産を考える必要があります。

ＪＦＥスチールが現在行っている海外ミルとの協力関係では、提携先や合弁先はアジアが中心となっています。先ほど説明したように、距離が近いからです。韓国、中国、そして東南アジアでのビジネスモデルは、主に日本で中間製品までをつくり、最終製品を現地の事情に合わせてつくるために合弁会社を設ける、という形がほとんどです。例えば自動車では、広州ＪＦＥ鋼板、現代製鉄、現代Ｈｙｓｃｏ、あるいはタイのＴＣＲやＪＳＧなどがそうです。

広州ＪＦＥ鋼板は、ＪＦＥスチールの中国における最も大きな合弁事業です。ここに五〇％出資しています。いま中国では鉄鋼業は五〇％までの出資規制があるのですが、その意味では最大限の出資です。このプロジェクトは二〇〇二年から自動車用の薄板を製造することを目的にスタートしました。二〇〇六年に年間四〇万トンの亜鉛メッキ鋼板を製造するＣＧＬを稼働させ、その後さらに冷間圧延設備、連続焼鈍設備を建設し、すでに生産を開始しています。二〇一二には二基目のＣＧＬが稼働する予定です。

以上がこれまでのビジネスモデルですが、現在の円高状況などを考えると、上工程も含めて海外で生産しなければ、競争力が失われます。二〇一〇年インドの会社に一五％弱出資をしました。二〇一一年に入って株価が大きく下がり特別損失を出しましたが、今は将来に向けた我慢の時期だと考えています。インドのこの会社では、現地で上工程からつくろうという考え方です。やはりインドは遠いということが大きな理由です。

ＪＦＥエンジニアリングにも同じことがいえます。これまで内需を事業の中心に据えてきた会社で、海外にそれほど拠点は持ってこなかったのですが、いままさにこれを拡大しつつあるところです。今や、日本の競争相手は韓国と中国です。いま元もウォンも円に比べて安い状態です。彼らを相手に、技術力、商品力、コスト力で打ち勝っていかなければならないのです。

ＪＦＥスチールがアジアの中で戦っていくために何が必要かといえば、一つは提携やアライアンスの推進でありますが、同時にテクノロジーのトップランナーを維持しながら“Only one, No.1”の商品を拡充することです。この二つが大きな視点になろうかと思います。

資源価格高騰も問題です。鉄鉱石一トンの価格は長らく二〇ドル前後で安定していましたが、二〇〇五年頃から急激に上昇し、いまや八倍の一六〇ドルとなり、鉄鋼メーカーの経営に大きなインパクトを与えています。

鉄鉱石に限らず、石炭や他の原料も上昇したため、日本鉄鋼業全体で原料コストの負担増は二〇〇三年から〇八年の六年間の累積で七兆円を超えるという、莫大な金額になっています。この結果、鉄鋼メーカーの収益が落ち込む一方で鉱山会社の収益は増大し、鉱山での原料採掘から鋼材の販売までの間に生み出された利益の合計額のうち、鉱山会社の利益の占める割合は、二〇〇〇年前後には二割であったものが、足元では七割に高まる一方、鉄鋼メーカーのそれは八割から三割に急減しました。

これに対応し、鉄鋼メーカーは自社で原料を確保することを目的に鉱山権益の獲得を進めていますが、これには多額の資金がかかります。一社ではとてもできない金額ですから、JFEスチールは鉄鋼他社や日本の商社とジョイントベンチャーを組んで出資をする形で取り組んでいます。これまでに一〇〇〇億円を超える資金を投じ、JFEスチールの使用量の一五％程度に相当する鉄鉱石や石炭の権益を確保しています。これを将来は三〇％まで引き上げていきたいと考えています。また、フェロシリコンやマンガンなどの合金鉄についても同様の取り組みを行っています。

環境・エネルギー分野の技術開発・事業化加速

JFEスチールにおいては、まず自らが出すCO_2を減らすことが必要です。業種別では、鉄鋼業界は電力業界に次いでCO_2の排出量が多くなっています。なぜなら、鉄鉱石は鉄と酸素の化合物であり、そこに炭素を加えて酸素と結合させて、鉄を分離するという製造プロセスですから、必然的にCO_2が発生することになります。したがって製造プロセスを進化させ、発生するCO_2を自ら下げる努力が必要になります。

鉄を一トンつくる際に排出するCO_2の量は、日本が世界で最も低くなっています。これは他の業界でもおそらく同じだと思います。日本の産業界はこれまで省エネルギーに積極的に投資をしてきているので、エネルギー効率で考えると、世界でトップレベルの産業が多くあります。そのため、日本での生産を止めて他の新興国でつくることになると、三割ほどCO_2の排出量が増えてしまいます。高い技術力でぎりぎりまでCO_2を抑えている日本がさらにCO_2の排出量を引き下げるためには、生産量を減らすしかありません。しかし、その減った分は、世界で需要があるかぎりはどこかでつくるわけです。すると、そこでのCO_2の排出量は日本で生産するよりも多くなり、結局世界全体ではCO_2の排出量を増やすことになりかねないのです。

ＪＦＥスチールは、粗鋼一トンを生産する際に排出するCO_2の量を九〇年との比較で、二三％削減しています。そのためにこれまで約四〇〇〇億円を投資しました。最初の頃は投資に見合った省エネ効果があるため、会社にとっても経済合理性のあることでした。ところが、それもやり尽くしてしまうと、投資効果に対し投資額が少しずつ割高になってきます。これは、日本全体で同じことが言えるのではないかと思います。

そこで、自らの排出量削減に加え、製品でどれだけ世の中のCO_2削減に貢献していくかということも重要になってきます。例えば自動車は、車体が軽ければ省エネ効率が上がりますが、安全上衝突した際の強度は確保する必要があります。軽さと強さを両立する材料として高張力鋼板の開発を進めています。部材によって必要な強度は違いますから、各部材ごとに細かく高強度化の目標値を設定し、二〇一五年までの達成を目指しています。これによる燃費改善で、九七年との比較では大型乗用車ベースでCO_2の排出量を一七％削減することができます。このような開発を数多く行っていくことが重要です。

ＪＦＥエンジニアリングでは、リサイクル事業をコア事業のひとつとしています。例えば使用済みプラスチックの再資源化、ペットボトルや家電のリサイクルなどで、これらは施設の建設だけでなく、完成後の操業までを含めて受注しています。

もう一つは再生可能エネルギーです。二〇一二年から再生可能エネルギーの全量買取制度がスタートしますが、ＪＦＥエンジニアリングでは太陽光発電に加え、太陽熱発電にも力を入れています。鏡を並べて光を集め、その集めた光や熱で発電するプラントを京浜地区に建設し、現在実証テストを行っています。最近また脚光を浴びている地熱発電もすでに国内で複数の実績があり、現在も東北地方で新しいプロジェクトを計画しています。

さらに、電気自動車の普及が予想よりも早く進んでいることから、それに対応した急速充電器を製品化しました。この分野は多くのメーカーがコストの引き下げと充電時間の短縮にしのぎを削っているところです。競争は激しいですが期待も大きいと思います。

造船事業でも、原油高騰で船の燃料費が高くなっていることに加え、ＩＭＯ（国際海事機関）で船舶へのCO_2排出規制導入が採択されたことにより、省エネ技術のニーズが高まっています。ユニバーサル造船では船型を工夫し、様々な省エネ機器を搭載する等により、CO_2の排出量を従来より二五％削減した〝Ｇシリーズ〟を製品化しました。今後も様々な改善を加え、二〇二〇年度までにこの削減率を五〇％に高めることを目標にさらなる開発を進めています。

経営者に必要な能力

最後に経営者に必要な能力について、私なりの考えをお話ししたいと思います。私はいろいろな能力の中でも「先見性」「問題解決力」「情報受信力・発信力」「誠実」の四項目が最も重要と考えます。

先ほど述べたように、世の中の先が見えないなかで決定を担う以上、経営者に先見性は不可欠だと思います。とはいえ、これは持って生まれたものではなく、人が経験のなかで、意識的に多くの人と会って話を聞く、あるいは他の業界のことを勉強する、あるいは本から何かを学ぶなど知識を集積していくことで培われるものだと思います。

また、現代の経営者には「問題解決力」も重要です。というのも、かつては社長が部下に課題の対応を命じればそれで済んでいた時代もありましたが、今はもうそのような時代ではありません。問題が難しくなって困難になればなるほど、トップが決めなければ物事は進みません。ということは、個別の問題をいかに解決するかというノウハウを持っていないと務まらないということです。これもトレーニングによるところが大きいと思います。

三番目の「情報受信力・発信力」は、両方とも大事だと思います。おそらく受信力がない人は発信力もなく、発信力がない人は受信力もないように思います。つまり、片方ができないと思う人は、両方に気を配る必要があると思います。

最後に挙げた「誠実」は、私が最も大事だと考えているものです。私自身もいろいろな経験をしましたが、最近の企業が絡んだ事件を見ていると、やはり最後は「誠実」あるいは「誠意」ということが最も大事なことなのだと思います。

貢献力の経営

株式会社ＮＴＴデータ代表取締役社長　山下　徹

変革の五箇条

私が二〇〇七年に社長に就任したとき、役員や社員に向けた社内メッセージで自らの方針を述べました。その大きな柱が「変革の五箇条」で、経営変革の枠組みです。その五箇条とは、「一、徹底した顧客志向の追求」「二、全体最適の追求」「三、見える化の推進」「四、グローバル化の推進」「五、ワークスタイルイノベーション」です。このなかの五番目、「ワークスタイルイノベーション」から、ここでお話しする「貢献力の経営」は生まれました。

私たちは五〇年間かけて、お客様の仕事を一生懸命に変えてきましたが、ふと振り返ってみると、自分たちの仕事はほとんど変わっていないことに気が付きました。そこで改革を始めました。長時間労働の問題の解決には、労働集約型の仕事のやり方から知識集約型の仕事に変えなければなりません。それも含め、様々な改革をしていきたいと考えています。その中に、「貢献主義の導入」をひとつの柱として入れました。能力主義、成果主義には、それぞれに良い面、悪い面の両方がありますすが、従来の能力主義、成果主義の不足分を補うために貢献主義を加えた新しい仕組みにしたい、という宣言を私はしたのです。

貢献力の第一の視点──「社会に果たすべき企業の役割」

貢献力には三つの視点があります。第一の視点は「社会に果たすべき企業の役割」です。貢献力というと、この第一の視点ばかり注目されて、企業の社会的役割が中心の話だと思われます。それは間違いではありませんが、それにとどまるものではありません。むしろ私どもの貢献主義の特徴は、第二の視点の「セクショナリズムの打破」にあります。そして第三の視点は「貢献力は人間の本能」です。これは人間には根源的に貢献心があるのではないか、という考えです。

まず第一の視点に関していえば、近江商人など江戸時代の豪商は単に儲けるだけではなく、社会貢献をしていました。それが近代化の中で、企業と政府自治体との役割分担が出てきて、公共の福祉は公的機関で行うことになります。そして民間企業は利益の追求へと向かい、どんどん分化してきたのではないかと考えられます。

現在の民間企業は巨大化、グローバル化し、人材、資本も含めて民間企業に大きなリソースが集中していきます。一方、国・自治体等の公的機関は、少子高齢化といった環境の変化、財政逼迫などの問題で、以前ほどの力がなくなってきました。

こうした環境の変化を受けて、官民の役割をもう一度見直していく必要があります。公共の福祉すべてを官に頼るのは限界なのです。中には国よりも大きな力を持つ企業も出てきています。その結果、企業の社会的役割が増大しているように思います。私は、入社したときには電電公社という公的機関にいたのに、いつの間にか民間企業にいるので、そのような変化を強く感じます。

経常利益の一％以上を社会貢献活動に支出する経団連一％クラブがありますが、ＮＴＴデータもこれに参加しています。これはこれとして社会的価値の高い活動で、いろいろな成果が挙がっていると思いますが、利益を寄付するだけでは十分とはいえません。そもそも製品をつくる過程で廃液を出したり、移動のときに排気ガスを出したり、といった環境破壊につながる生産活動そのものが問題であり、それらを減少または防止することが必要です。さらに最近では、収入をあげる事業目的そのものが社会課題の解決につながっているのか、という問題意識も提起されています。

もうひとつ必要なのはバランスシートベースでの社会貢献の考え方です。企業とは、資本があり、社債の発行や借金をして生産していきますが、基本的に金融資本を中心にものを考えてきました。一六〇二年に設立されたオランダの東インド会社が株式会社の始まりで、それ以来、お金が社会のリソースとしてもっとも不足しているという前提で、それをいかに増やすかを目的としてやってきたのです。

ただ、現在では、お金は足りないのではなく、逆に余っています。余っているお金で商品投機をし、運用益を求めて世界中をさまよっているような状況です。むしろ、今大事なものは人的資本ではないでしょうか。私たち企業は、社会から人材というリソースを借り受けています。社員として人的資本、知的資本を取り入れ、その一方で、世の中の会社からいろいろな力を借りています。例えば、パートナー会社から人を借りてくるのです。

自己資本である社員と社会から借りてきたパートナーの力を合わせて新しい資産をつくっていると考えると、お金でいえば資本を調達してくれれば必ず配当を与えなければならないように、そこに配当に当たるものが必要になります。結果的には、社員の能力アップがその配当ではないかと考えています。また銀行からお金を借りれば、利子をつけて返さなければならないのと同じように、パートナー会社から人を借りれば、その人たちの能力アップをしなければなりません。そういう役目が企業にはあるのではないでしょうか。

繰り返しになりますが、一九六七年にＮＴＴデータの組織の原型ができて当社はスタートしました。私は一九七一年の入社ですが、「コンピュータサービスを、ガス・水道・電気のように、広くあまねく、公平に国民に提供しよう」ということをしつこく言われました。その中の一部はＤＮＡとして引き継いできたと自負しています。公共事業体から引き継いできたＤＮＡは、やはり大事にしていきたいと考えています。その上で民間企業としての変革の力を併せ持っていくのが、私たちＮＴＴデータの社会に果たすべき役割ではないかと思っています。

貢献力の第二の視点――「セクショナリズムの打破」

あらゆる業界でＩＴ化が進み、既存業務の省力化はほとんど終わってしまっていました。正確には〝終わりつつあった〟でしょうが、その後はＩＴによる新規業務、新規サービスを創出する必要がありました。特に当時インターネットが普及し始めて、新しいビジネスモデルが出現してきたことが大きなきっかけになっていると思います。具体的に名前を挙げると、セブン―イレブンがセブン銀行を始めます。これは典型です。また、ソニーがソニー銀行、ソニー生命、ソニーファイナンスを始めます。このような流れに私たちも対応していかなければならない状況になりました。

それまでは、銀行は銀行のチーム、保険は保険のチーム、流通業は流通業のチームと、業界ごとにすべてチームを分けていました。このため、お客様から「流通業の会社だけれど、今度は銀行をやりたい。だから銀行の提案をしてほしい」と言われても、これまでのチームだけでは対応できません。そこで、社内の銀行チームへ相談に行きたいのですが、同じ会社でも日頃付き合いがないので、どこに相談に行ったらいいか分かりません。ようやくたどりついても各チームは自分の仕事で忙しいので協力的ではありません。組織別の業績評価も大きな壁となっていました。自分たちの力をそいで他の組織を応援すると、会社全体としてはよくても自分たちは結果的に損をするからです。また、自分が抱えているお客様の競争相手が参入することを意味しているので、組織の壁が悪いというだけではなく、本質的な課題でもあります。そのため、チームを超えた協力の横断組織をつくることはなかなか難しいのです。

ＮＴＴデータでは、お客様への調査を毎年行っています。その中で、個々の満足度とは別に「お客様はＮＴＴデータにどのようなことを期待していますか」という質問を毎回してきました。また「どのようにＮＴＴデータを見ていますか」「どういう役割を期待していますか」という質問もしています。これによって、お客様から見た当社の位置付けを知ることができます。

当社の位置付けの一つであるシステムベンダとは、いろいろな部品やコンピュータを持ってくるだけの役割で、同じくシステムインテグレータとは、家でいえば注文住宅で、部品をそろえ、組み立てて完成させる役割になります。二十数年前、NTTデータはシステムインテグレータを事業としてスタートしたのですが、現在ではシステムインテグレータとして見ている人の割合は、一五%を切っています。

それ以上に「ITでどんなことをやればよいのか」「ITそのものについていろいろな相談に乗ってほしい」といった要望に応えるITパートナーという位置付けが、システムインテグレータを上回っています。さらにもっと増加しているのが、事業パートナーという位置付けです。もちろんITを使う部分もありますが、「事業展開をどのようにしていけばよいかも相談に乗ってほしい」という事業のパートナーとしての要望が毎年のように増えています。

もっとも重要なポイントは、それぞれの位置付けに対するお客様の満足度です。相関を見ると、事業パートナーとしての役割を果たせていたときのお客様の満足度がもっとも高いという結果が出ています。

私たちが求められているのは、単に注文されたものをつくることではなく、何をつくるか、どんな事業をすればよいのかも含めて、一緒に考えていく、あるいは提案をしていくという役割だと思います。そうなると、なおさら社内のセクショナリズムでは対応できなくなっていることがわかります。

一般的に日本でセクショナリズムが増えてきた理由のひとつとして、役割構造が変わってきたことが指摘されます。昔はみんなが手を差し伸べ、お互いに助け合ってやってきました。だから、様々なインフォーマルなコミュニティがあり、インフォーマルのネットワークもあったのです。さらに、「一生同じ会社に勤めるのだから」ということで協力するベースもありました。

しかし、現在ではまったくこれが壊れてしまいました。極端な成果主義の導入で役割分担が明確化し、「他人の仕事を手伝うと自分がマイナスになる」というところまできています。終身雇用ではなくなったことも背景にあると思います。ますますグループ間、組織間の協調が求められている時代に、まさにそれを逆に制約するようなセクショナリズムが起きてきたのです。

貢献力という考えに至った背景

貢献力という考えに至ったひとつのきっかけは、社内の新・行動改革ワーキンググループの若手社員の活躍です。とりわけその中の一チーム「リスペクターズ」が立ち上げた社内SNSは大きな衝撃でした。

そこで、社内SNS「Nexti」を簡単に紹介いたします。

リスペクターズは、行動ガイドラインの一つである「セクショナリズムを排し、仲間の知恵と力を合わせます」というテーマに対して、社内SNSの立ち上げを提案しました。最初に提案したチームは、たかだか一〇人程度だったと思いますが、最終的には四〇～五〇人という大変な仲間が集まりました。今でこそフェイスブックが出てきて、SNSは社会的に認知されていますが、二〇〇六年、二〇〇七年では、まだSNSという言葉自体が目新しいときでした。

この提案は投票で選ばれたのですが、実は私はこれに票を入れませんでした。この種のものは私自身も三、四回は実験しているのですが、ことごとく失敗していました。最初は盛り上がるのですが、長続きしないのです。仕事柄、昭和六三年ぐらいからすでに社内でインターネットを使っていましたし、電子掲示板なども活用しました。しかし、最初はいいのですが、だんだん使われなくなります。続かない理由のひとつとしては、面白くないというのがありました。

今回SNSが成功したのには理由が二つあります。ひとつは公私混合です。Nexti上のコミュニティは一五〇〇あります。仕事に関することを私たちは「オン」、プライベートは「オフ」と呼んでいますが、このSNSではオンの仕事のコミュニティとオフのプライベートのコミュニティの両方を立ち上げていいことになっていて、オフのコンテンツが集客の原動力になっているのです。

この試みが成功したもう一つの理由は、勤務時間中に見て書き込みをしてもいいとしたことにあります。これも公私混合の一つですが、勤務時間中に見ていいというのはなかなか難しい話で、たいていの上司はいい顔をしません。「もっとまじめに仕事をやれ」と怒られるのが常です。それについてNextiの提案者たちは執行会議で、「これはネットのたばこ部屋です」と説明しました。確かに、たばこ部屋で行われる情報交換があるのも事実です。「たばこ部屋に行くのはよくて、ほんのちょっとネットを見るのはいけないというのはおかしい」「たばこ部屋に行ってたばこを吸っていると、情報交換ができるのと同じこと」と述べていました。そして、そのぐらいの短時間の息抜きはむしろ集中力を高めるうえでも有効だ、ということになったのです。

ただし、実名を記入するという条件が付いています。実名で時間も明記します。そうすることによって、日中何通も同じ人の記入があれば誰もがおかしいと思うため、必然的にある種のモラルが働くようになりました。これがひとつのネットワークの基盤になっています。

「Nexti」には、もっとも見やすいところに「Q&Aコーナー」があります。それから、注目してほしいのが「THANK YOUポイント」という部分です。これについては、詳しくは後ほど説明します。

「Q&Aコーナー」にクエスチョンを書き込むと、いろいろな人から返事が来ます。

私が実際に体験した例でいえば、金曜日の午前一〇時頃にたまたま見ると、ある営業の人から質問が出ていて、「この質問は情報を集めるのは大変だろう。一週間はかかるだろう」と思っていたところ、その日の午後三時頃には五、六個もの情報が上がっていました。そのおかげで、その日の夕方にはほとんどの情報が収集でき、翌週の月曜日にはお客様のところにある程度のレポートを持っていけたそうです。翌週には感謝の言葉も出ていました。

なぜこのようなことができたかというと、昼間からNextiを見ている社員がたくさんいるからです。たくさんの社員が見ていなければ、実現できなかったはずです。チョコチョコっとのぞいては、新しい質問で自分に関係するものがあれば答えるということが行われています。だからこそ成立するのです。「仕事中に見てはいけない」としてしまってはあまり意味がなく、むしろ仕事中に見てもらったほうがいいのです。

知識流通プラットフォーム『ナレッジコンシェルジュ』についてもご紹介します。実は、今お話ししたSNS上のQ&Aを使っても、現実には確実にその回答が得られるわけではありません。そういった質問に対する回答を補完するために、「ナレッジコンシェルジュ」というチームをボランティアで社員がつくりました。そこに社内のプロフェッショナルの知恵を集めるような工夫をして、一社員の課題を解決しようというのです。

例えばある人が、「〇〇についての社内実績が知りたい」と思ったとします。そして、それなりの知識者やプロがコンシェルジュとして登録しているメーリングリストにその課題を投げます。すると、その中でいろいろな情報が集まってきます。Nexti のQ＆Aで情報が集まらなくても、専門家のネットワークに投げるといろいろなアドバイスがもらえます。Nexti をはじめ、これらの活動はまったくのボランティアです。

お客様のニーズが非常に多様化する一方で、必要とされる技術やノウハウが細分化、専門化したのが原因で、いろいろな知恵を集めなければできないことが多くなりました。だからこそ、お互いに助け合っていく必要があります。

この Nexti に対して公益社団法人企業情報化協会から「ITマネジメント革新賞」をいただきました。これは私がというよりは、これを立ち上げて運営している社員たちを中心に、外部からも評価をいただいたということです。

また、二〇〇八年に「最も持続可能な世界の一〇〇社」に選出されました。これはダボス会議において発表されるものです。特徴的なのは、「人材もよく、環境もよく、社会資本もよい。唯一、経営者はそれほどでもない」という評価になっているところです。私たち経営陣がもう少しよくなれば、総合点はもっと高くなるのかもしれませんが、むしろ社員を中心とした人的資本を評価していただいたと思っています。

貢献力の第三の視点――「貢献心は人間の本能」

第三の視点は、自分を満足させたいという欲求と、他者に尽くそうとする貢献心は、決して対立するものではなく、自然な欲求で両者は補完的なものであるという点です。ぐるなびの会長である滝久雄氏は、三〇年以上、この「貢献心」について哲学的なアプローチをしていて、著作もあります。滝氏は、「貢献心は人間だけに与えられた本能だ」と述べています。

他人の助けで問題が解決したときは、助けてもらった人に大変なメリットがあるという考え方をしがちですが、Q&Aでアンサーを出す人たちに話を聞くと、「自分のためになり面白いからやっている」と答えます。

例えばQ&Aの場合、クエスチョンを出すのは営業系やシステム開発の現場の人が多く、それに対してアンサーを出すのは、研究開発部門の人たちという例が多く見られます。アンサーを出している人たちは、「現場の生の問題に接し、それを解決することによって一番力がつくのは自分で、自分自身の成長のためにやっている」と言っています。「数多くのケースに当たることによって、自分の知識や経験が膨らんで面白い」のだそうです。いろいろな人がいるので、全員がそう思っているわけではないでしょうが、そういうところに積極的に参加している人の話を聞くと、このような答えが返ってきます。そういう気持ちになる条件は協働してモノをつくることですが、やはりプロフェッショナリティをそれぞれが持っているところにあるのだと思います。

そして、多様なプロフェッショナリティがあることも重要です。あるひとつのプロフェッショナリティだけの人が集まったのでは意味がなく、それぞれが補完しあえること、あるいはダイバーシティがあることに意味があると思います。

貢献力を発揮するプラットフォームづくり

では、そのような中で、会社がどのような役割を果たすべきなのでしょう。ひとつは、貢献力を発揮しやすいプラットフォームをつくることだと思います。

当社では、二〇一二年一月にようやく託児所をオープンすることができました。足かけ三年がかりで準備をし、運営費用のかなりの部分は会社が負担しますが、発案だけでなく実際の準備活動も社員主体で進めました。

このような社員の自発性に基づく貢献を促進していくためには、会社の役割としてそれを促すプラットフォームづくりが必要です。そこで私たちは、社員の自発性をうながす提案制度を充実させるとともに、人事制度の中に貢献主義的な考え方を入れ込みました。また、人事制度で必ずしも救われない部分については、貢献表彰を行うことにしました。質問に答えたりすると、社員からTHANK YOUポイントというものが入ります。そのTHANK YOUポイントがたくさん貯まると、四半期単位で表彰する制度を設けています。賞品は図書券などで、たいしたものではありませんが、貢献度の高い人には立派な楯も贈っています。

貢献主義を人事制度の中に取り入れるにあたって私たちは貢献をいくつかに分けました。ひとつは社内の職場貢献または職域貢献といっているものです。そこには、Q&Aの質問に答えることだけではなく、社内における組織の枠を超えた知識・ノウハウ・リソースの展開などが含まれます。

私たちがもっとも困っているのが人材育成です。人材育成は大変重要な仕事です。人材育成で重要なのはよい講師を出すことなので、自社内のいろいろな訓練では自社内でもっとも活躍した人を講師にしたいのです。

しかし、そういう人はもっとも忙しい人です。もっとも忙しい人、もっとも優秀な人を先生にするためには、それをきちんと評価の対象にしていかなければなりません。このため、当社ではこれらの活動をポイント化して評価の対象にしました。

また、当社ではメンター制度というものをつくっています。例えばＰＭ（プロジェクト・マネジャー）は精神的に苦しいものですが、ＰＭのキャリアが豊富な人が、自部門ではない他部門の若いＰＭを集めてメンタリングをしたりします。これはボランティアでやってもらっています。ボランティアですが、それは人事的にも評価として取り入れていきます。

学会活動なども往々にして個人の領域といわれてしまいますが、これは職域貢献とは別に、「知域貢献」として人事的評価に取り入れます。その他には、社会貢献は当然評価の対象にします。これらを新人事制度の中に、「連携・貢献」という項目を付けて行動評価の観点にして、社員の評価に入れました。

ちなみに、ＮＴＴデータでは理事昇格をオープンにやっています。ある一定以上の業績を挙げた候補者を選び、人事委員会で面接をして理事候補を選んでいます。理事候補を面接するときには、「自分が職域貢献・知域貢献・社会貢献の三つの貢献分野でどういう貢献をしてきたか」を書かせるようにしました。本業以外でどのような貢献を社会や仲間にしてきたか、を加点的に評価するのです。

自分の成績しか考えられない人間が上に立てば、その組織はおかしくなってしまいます。やはり会社全体や社会に対する貢献がきちんとできる人が、理事になり、役員になり、将来経営幹部になっていくようにしなければなりません。

〝公私混合〟という言葉を何度か使いましたが、いまや公私混同を忌避する社会から、公私がダイナミックに混合する時代になろうとしています。こう言うと驚かれるかもしれませんが、実は皆さんの会社内でもこれはすでに起きているのです。例えば、先ほどの社内託児所などは「公」の中に「私」が入ってきた典型的な例です。逆に在宅勤務は「私」の中に「公」が入ってきている例で、裁量労働制などはその両方がかみ合ってきているのだろうと思います。

農業社会では、〝公私混合〟どころか、〝公私融合〟でした。生活のすべてにわたって村が一体となっていました。これは自分たちを外敵から守るという意味も含めてです。また、そもそも農業が共同作業なので、お互いが力を合わせてやってきたのです。

しかし、これが近代工業社会になり、生産手段を一カ所に集中しないと効率が上げられなくなりました。工場という形で生産手段の集約化、資本の集約化がどうしても必要になり、公私を分離せざるを得なくなってきたのです。これは自然の流れで、このこと自体を否定しても意味がなく、むしろそれによって社会が近代化を遂げてきました。その結果として、自然との対立や公私の分離という新しい課題が出てきたのです。

私は、すべての会社や社会がこうなると言っているのではありません。今でも当然農業があるように、工業がまだこれからも日本では中心的な産業だと思いますが、一方でブレインワークをする人の割合も相対的に増えてきています。そのような状況の中では、公私分離ではなく、公私混合が新しい付加価値、新しい生産手段の一つになってきているのではないか、というのが私の問題提起です。

貢献力の取り組みはまだまだ道半ばですが、貢献力の実践を通じて、お互いに尊重する文化を築き、社員満足度も意欲も高まり、成長し、社員と会社の絆も強化され、結果的にパフォーマンスが向上し、お客様からの評価も向上すればいい、という考え方で今後も取り組みを続けるつもりです。

毎年行っているお客様満足度調査の結果が、十点満点中の6・1（二〇〇四年）から7・3に上がりました。絶対値にどこまで意味があるかは疑問ですが、数字そのものよりもお客様満足度が改善されてきていると見ていただければと思います。このお客様満足度調査を最初にスタートしたときには、7・0オーバーを目標にしましたが、今はそれもクリアできました。お客様の私たちに対する期待感もどんどん上がってきていますので、これに満足せずさらなる改善にチャレンジしたいと思います。

経営者の役割

株式会社ニチレイ代表取締役会長　浦野　光人

ニチレイグループとは

ニチレイの創立は一九四五年。前身は太平洋戦争中の食糧不足のなか、水産統制令に基づいて政府がつくった帝国水産統制株式会社という魚の流通統制会社でした。当時は、大洋漁業、日本水産、日魯漁業、極洋捕鯨といった会社が、北海道の根室、稚内から鹿児島の山川、枕崎まで、全国津々浦々に漁船や魚市場に向けた製氷工場をもっていました。そのような陸上施設をすべて一つの会社に供出させてつくったのがニチレイの前身会社です。

国策会社としてスタートしましたが、敗戦によって状況は変わってしまいました。しかし、今後も魚の流通事業は必要とされるだろうと、再スタートとしては大変リスクを背負った形で先輩たちが会社を興しました。ニチレイグループは今日では、資本金三〇三億円、売上高四三八一億円で、持株会社の下に五つの会社があります。

消費者の方々によく知られているニチレイフーズは主に冷凍食品をつくっている会社ですが、レトルト等の加工食品もつくっています。

ニチレイフレッシュは水産・畜産事業で、世界中から水産・畜産の商品を集めてきて主に国内で売る仕事です。日本人は魚をたくさん食べますが、畜肉と異なり魚にはいろいろな種類があり、すべてを扱うことは不可能です。そのため、必然的に水産会社はニッチャーの世界に入っていきます。私たちが扱っているのは、エビ、カニ、タコ、サケといったところが主体になります。その他には、年末商材として数の子などを多く取り扱っています。

三つ目の物流事業のニチレイロジグループは、低温物流事業の会社です。現在同社が持っている冷凍倉庫は国内ではダントツの第一位で、世界でも第二位です。今はヨーロッパでも低温物流事業を展開し、ヨーロッパでナンバーワンの会社になっており、中国でも同様の事業を始めています。

四つ目はニチレイバイオサイエンスです。三〇年以上前にバイオブームが起きたとき、各食品会社は一斉にバイオに走りましたが、ニチレイも例に漏れずこの分野に進出しました。結果として生き残りましたが、ニチレイフレッシュ以上にきわめてニッチな仕事をしています。昨年インフルエンザが大流行しましたが、ニチレイバイオサイエンスはインフルエンザの診断薬キットをつくれる数少ない会社のうちの一社です。また、いろいろな基礎研究で培養対象に生育環境を提供する培地も、ニチレイは国内ナンバーワンのシェアを持っています。

変わったところでは、女性用化粧品に含まれる美白原料になるプラセンタエキス（動物性）やアセロラやカムカム（植物性）などのビタミンCエキスもニチレイはナンバーワンです。そこでいろいろな化粧品会社との取引もあります。

では、そのような会社がどの程度の売上なのかというと、加工食品が一七〇〇億円台で、冷凍食品だけを見るとシェア的にはナンバーワンです。また水産事業では、年々売上を下げていますが、七〇〇億円前後は、業界の中で五、六番目といったところです。それから、畜産事業も七〇〇億円台です。畜産の場合には、ニチレイはチキンが非常に強く、鶏だけでいうと三本の指に入るでしょう。特に生鮮の国内鶏はかなりのシェアを持っています。低温物流事業は一四〇〇億円といったところです。

ニチレイグループ企業経営理念――企業活動の礎

企業がどのような存在かは、みなさんにも様々な思いがあると思います。私も長い間、企業の中で仕事をしてきて、企業とはなんだろうかを常に考えます。簡単に言ってしまえば、「それぞれ自分が得意とする分野で、生活者の様々な課題を見つけて、その得意な分野の立場から課題を解決すること」、それが企業の役割だと思っています。そういう企業がマーケットの中で、それぞれ競争しながら成長していくところが資本主義経済のよいところだと思います。

ニチレイは、〝食〟に携わりたい人が夢を持って集まった会社です。したがって、社員はみな食についてはー家言持っています。食を通じてどんなふうに生活者の課題を解決していくかに日頃心を砕いています。

私たちの経営理念は「くらしを見つめ、人々に心の満足を提供する」です。抽象的かもしれませんが、「くらしを見つめ」という部分に重点を置いています。生活者一人ひとりの暮らしをきちんと見つめる中で、課題を解決していくことになりますが、生活者の〝今〟を理解していなければ、しっかりフィットした商品はなかなかつくれません。これはどこの企業も同じだと思いますが、食にあっては特にそうだと思います。

私たちは食品会社の中で、願わくは生活者を理解することではナンバーワンの会社になりたいと考えています。そして世界でもっとも信頼される食品会社になりたいと思っています。儲けがなくては困りますが、儲け一番の会社よりは、もっとも信頼される会社になりたいと思っているのです。

この理念から、当面のニチレイのビジョンは「ニチレイグループは、卓越した食品と物流のネットワークを備える『食のフロンティアカンパニー』として、お客様にご満足いただける優れた品質と価値ある商品・サービスを提供し、広く好感と信頼を寄せられる企業として、社会とともに成長します」としています。

ここでは、「フロンティア」に重点を置いています。フロンティアとは、未開拓の部分に分け入っていくことです。これは、成功する確率がどのぐらいになればそのフロンティアに分け入るのかが、大事な経営判断になるでしょう。けれども、少なくともフロンティアと言われる状態で入っていきたいと、常々思っているところです。フロンティアスピリットをもって新しい価値を提供していきたい、これがミッションであり、ビジョンなのです。

また、私たちは「六つの責任」というものを掲げています。自分の得意技を通じて生活者の課題を解決していくのだから、「新たな顧客価値の創造」がどの企業にとってももっとも大事な仕事だと思います。

ＣＳＲの立場から「六つの責任」と言っていますが、企業の理念、ビジョンを実現すること＝ＣＳＲだと考えています。私たちの理念、ビジョンを実現するためには、新たな顧客価値の創造が必要です。だから「新たな顧客価値の創造」を第一番目に挙げています。

二番目は「働きがいの向上（仕事と生活の両立）」です。いわゆるワークライフバランスともいえるかもしれません。私たちは「食品の世界、仕事を通じて生活者の課題を解決したい」という夢を持った人間の集団です。それなのに、そこで働く人たちが働きがいを感じなかったとしたら、絶対に生活者の課題解決は実現できません。だから、これも非常に重視しています。

そのやり方についてはいろいろあると思いますが、結論だけを言うと、経営者としてもっとも大事な仕事は、ニチレイという会社で働く人たちに一〇〇％力を発揮してもらうことです。それぞれの社員が自分らしく働き、自分の価値を発揮することは非常に大事だと思います。そして、それぞれがそれぞれの価値を発揮する中、次に大事なことは、働く仲間がお互いの価値を認め合うことです。言い換えると、お互い信頼し合う世界であることです。この信頼し合う世界がなければ、それぞれの発揮している価値も死んでしまうと思います。それぞれが価値を発揮しながらお互いの価値を認め合い、信頼し合ってともに働く、協働することが非常に大事で、そういう環境づくりをすることが、経営者の一番重要な仕事だと思っています。

それが実現できると、それぞれの働く仲間は、現状に決して満足はしないでしょう。いろいろな成功事例が出てくれれば、その時点で満足することはあるでしょうが、さらにその先どんな新しい価値が提供できるかを考えていくようになると思います。

私は、新入社員を迎えるといつも「小さな成功に満足しない。そこにとどまることなく、ずっと未来永劫、自己実現を目指してやっていこう。そのために先輩も、新入社員の皆さんも一緒に働いていけば、この食の世界を通じて必ずや生活者の方々のお役に立つことができます」と話をしているところです。

この二つがきちんと回っていれば、あとは自然に回ると私は思っていて、たとえば三つ目の「コンプライアンスの徹底」は、ひと言でいえば「自分の仕事を家族にきちんと話せるか」です。もちろんコンプライアンスの徹底のために、いろいろな委員会をつくったりすることもありますが、自分の仕事に家族に話せないような内容があれば、それはやはりコンプライアンスに問題があるということです。そのように、ごく常識的に判断していけばよいと思います。

四つ目の「コーポレートガバナンスの強化」も同じです。もちろんアメリカ発のガバナンスの強化ということで、この六、七年、日本の企業は内部統制で大変な苦労をしてきました。今でももちろんしっかりやらなければならないのですが、いろいろ試してみて、日本のセルフガバナンスにはきちんと伝統が生きているということが、結果としてわかったと思います。なにかあったとしても、日本の場合にはセルフガバナンスがかなりうまくいくと、改めて経営者のみなさんは自信を持ったのではないでしょうか。今、私もそのような思いでいます。

五つ目は「環境への配慮」です。現在、温暖化防止に限っていえば、二酸化炭素二五％削減が掲げられています。環境への配慮は非常に大事で、二〇一〇年にはＣＯＰ16も開催されます。また、生物多様性に対するＣＯＰ10も開催されます。それも含めて、この環境問題に企業がどう対応していくかが重要になります。

環境の基本的な部分が社員間で共有されていないと、環境問題についてはなかなかうまく進みません。たとえば、温暖化防止は理解できても、生物多様性が実際自分たちの企業とどう関係があるのかは、非常にわかりにくいのです。そこで、環境倫理の三原則を共有するようにしてから、ニチレイのなかでは環境問題が進み始めた気がします。

第一原則は「自然の生存権」で、つまりは地球上で生きる権利を持っているのは人間だけではない、ありとあらゆる動植物が地球上で生きていく権利を持っている、ということです。

それは生物多様性につながっていく問題ですが、それぞれの生物がいろいろな遺伝子を持っていて、その遺伝子が地球上のなにに役立つかは、人間はまだほとんどわかっていません。もしかしたら、人間にうまく役立つものもたくさんあるかもしれないし、それ以外のこともいろいろあるはずです。つまり、なにもわかっていない中で、人間のせいで種の断絶が起きてはならない、というのが環境倫理の第一原則です。

第二原則は、「世代間倫理」です。環境問題とは、今の我々の世代に対して環境のことを考えたら役に立つだけでなく、将来の世代に対して今の世代が責任をとらなくてはならない、ということです。たとえば二〇五〇年に温暖化の防止のために温室効果ガスを二分の一以下にしなさい、と科学者たちは言っています。二〇五〇年というと、私は生きていません。しかし二〇五〇年に対して、今それぞれの経営者の立場でやれることはやらなければなりません。これは、過去の社会問題ではほとんどないものです。たとえば、マルクスは将来の労働者のことを心配して、いろいろなことを考えました。あるいはイギリスのフェビアン協会の人々もそのようなことを考えています。一部にはそのような人たちもいました。しかし、すべての人が将来世代のために考えなければならないのが、この環境問題だと思います。これが第二原則です。

そして第三原則は、「地球のサステイナビリティ」です。地球は誕生してから四六億年たち、太陽系が消滅するまであと五〇億年あり、一〇〇億年の命があると言われています。この中で、少なくとも人間の活動によって、あるいは人間の成長を第一義にするがゆえに地球のサステイナビリティが壊れてはいけない、地球のサステイナビリティのほうが経済成長より大切だ、というのが第三原則です。

この三つに、心から賛同して環境問題に対応するのか、それともポーズとして世の中の流れに乗って行うのかでは、今後の企業の基本的な部分で差が出てくると思います。ぜひこのような根源までさかのぼってやりたいと思いますが、この三原則を考えれば考えるほど、問題の難しさに思いが至るのです。

環境への対策は将来世代のためにやることです。また、人間以外の生き物の遺伝子をどう考えるかでもあります。私たちには不確かな情報しかありません。今まで、私たちはどちらかといえばきちんとした情報があり、その中でリスクをとりながら経営をしてきました。しかも、もし失敗しかかったときには、ＰＤＣＡのサイクルをきちんと回していれば、比較的早期にその失敗から立ち直ることはできたのです。

地球環境問題とは、確かではない情報の中で、なおかつ失敗したかどうかなどわかりません。それすらわからない中で決断していかなくてはならないのです。おそらく、人類が今まで経験したことのない課題だと思います。それだけの覚悟を持って、この環境問題に取り組まなければならないのです。ニチレイが今そこまでできているとは言いませんが、環境への配慮は、そこまで含んだ問題だということだけは認識をしたつもりです。

「ニチレイグループの六つの責任」の六つ目は、「ニチレイらしい社会貢献」です。これもそれぞれの企業に様々な考えがあると思います。ニチレイは食品会社です。食品会社とは、簡単に言えば「食卓での笑顔」を実現したいと考えている企業です。食卓での笑顔とは健康です。普段の食事で健康になってほしいのです。もちろんサプリメントを否定するつもりはまったくありません。けれども、普段の食事が大事だと考えています。

健康とは、食事だけでは保てないもので、運動をしないと筋肉は鍛えられないし、基礎代謝も筋肉が成長しなければ増えていきません。健康でいるためには普段の食事と運動がなによりも大切です。それを支えるのも、ニチレイの仕事のひとつです。しかし、運動の部分はなかなかニチレイでは提供できません。そこでニチレイは、運動という分野に社会貢献の軸足を置こうとしています。

フィギュアスケート、スピードスケートを含めて、日本スケート連盟をニチレイは応援しています。その他には水泳もニチレイは応援しています。もちろん北島康介のような金メダリストもいますが、子どもを対象とした水泳教室で行われる泳力検定のお手伝いもしています。これは毎月行われています。これもかなり裾野が広くなってきたので、少し社会貢献らしくなってきたかもしれません。

このようにスポーツの部分を中心に社会貢献をしていますが、もう少しニチレイらしさを発揮している部分もあります。これは、あまり知られていない世界ですが、たとえば長野県に日本のラン（和ラン）があります。洋ランはきれいな花ですが、ランには花がほとんど咲かない葉っぱだけのようなランもたくさんあります。そのランのひとつに、アツモリソウというランがあります。アツモリソウは長野の入笠山に自生しているのですが、絶滅危惧種になってしまいました。

たまたまニチレイでは、長野県で洋ランの栽培をしていたのですが、絶滅危惧種のアツモリソウを守る方法はないかと相談を受けました。いろいろ研究してみたところ、私たちの栽培技術が役に立ちそうだというので、七～八年前からアツモリソウの種の保存の研究を始めました。そして二〇一〇年、ついに完璧に保存ができるようになったのです。ニチレイの栽培設備の中で花を咲かせたというので、環境省からも非常に評価していただきました。このようなことも社会貢献のひとつではと思っています。

構造改革――分社化への思い

売上高については、平成一〇年ぐらいに六〇〇〇億円というピークがありましたが、そのときは儲からない仕事も多くありました。逆に売上が一番多かった平成一〇年に赤字という事態もありました。このことの背景が、有利子負債の削減に向かわせました。有利子負債はピーク時に二〇〇〇億円を超えていましたが、現在では六〇〇億円ぐらいになりました。バブルの時代には熟慮せず海外進出を始めました。ニチレイは経営資源の準備がないまま海外進出をして、多額の赤字を背負いました。あらためて思うことは、ドメインの選択をしっかりとしなければならなかったということです。

そのとき軸になったのが資本効率、あるいはそれぞれの事業でのプロフィットゾーンの違いです。たとえばプロフィットゾーンを考えたときに、水産事業はニッチで儲けるのか、冷蔵倉庫はコスト優先がプロフィットゾーンなのか、微妙な差別化なのか、冷凍食品は新製品なのか、ブランド力なのか、製品群なのかなど、様々なことがあるでしょう。けれども、プロフィットゾーンがそれぞれの事業で違う中、経営として本当にひとつで見ていけるのか、あるいはひとつで見ることが適切なのかが問題なのです。

当然、バランスシートも、P／Lも、C／Fも、それぞれの事業で大きく違います。それは実際に分社してみて初めてわかることです。それを考えたときに、私が入社したときに思った、総合力、シナジーとはなにかを考えました。結局、分社化をすることによって、真のチームワークを発揮することだと考えました。

真のチームワークについては、元プロ野球選手の中西太氏が非常にいいことを言っています。当時の西鉄ライオンズは黄金時代で、大下、中西、豊田、仰木、高倉などの好プレーヤーがいたため「野武士集団」といわれていました。その頃、ショート豊田とサード中西のファウルボールの取り合いが、「金網デスマッチ」と呼ばれていたくらいです。三原監督はそれに対しても「お互いに声をかけて取ればいいだろう」と言ったらしいのですが、即座に中西は「監督、それは違うと思います。私たちはまだまだ一流ではありません。だからチームワークなんて甘ったれた中に埋没していくと、もたれ合いになってしまいます。自分たちが極限まで成長しているならそれもいいですが、成長途中なのにチームワークと監督が言い始めると成長がストップしてしまいます。それでいいんですか」と言ったそうです。これはすごい言葉です。

ニチレイが極限レベルにあるとは夢にも思いませんが、せめてそれに倣いたいと私は思いました。もちろん、冷凍食品も、水産も、畜産業も、低温物流事業も、一流になって帰ってきてほしいと考えています。まだまだ中西が言うレベルのナンバーワンとは、経営を預かる身としては思えません。本当にチームワークを発揮するためには、個々が強くなってほしいと今でも思っています。

そのためには、「六つの責任」の中の「新たな顧客価値の創造」を各企業が磨き上げていかなければなりません。では、どのように新しい付加価値をつけていくかという例をひとつだけ挙げたいと思います。それぞれの会社でそれぞれ提供している商品、製品、サービスなどには、基本的な価値があると思います。私たちの会社にも、基本的な価値はあります。たとえば食品でいうと、おいしい、楽しい、健康によい、安全、簡単便利、安定的な供給、リーズナブルな価格での提供、これら七つの基本的な価値があります。私は、この七つの基本価値にさらに磨きをかけていくことが、新しい顧客価値をつくる上で近道だと思います。

私は常々、七つの基本価値のうちのひとつをデフォルメさせるとなにかが生まれると言っています。たとえば一五年前にニチレイは、七つの加工食品の基本価値のうちの〝簡単便利〟をデフォルメしてみることになりました。その結果、電子レンジと冷凍食品が友だちになりました。またこの数年、中国産の食品の安全問題でお客様にご迷惑、ご心配をかけています。これをデフォルメさせて、中国で自社の畑を持ち、自社で野菜をつくることになりました。

新たな顧客価値の創造は、ひとつは基本価値をデフォルメさせることで達成することができます。

もうひとつは、七つの基本価値以外の新しい基本価値を生み出すことです。それはできればよいとは思っていますが、まだ考え中といったところです。

次世代幹部育成の視点

次世代幹部育成はやらなければならないことのひとつです。では、リーダーとはどんな人でしょう。もちろんトラブルシューティングだけにとどまっているリーダーもいるかもしれません。しかし、それは真のリーダーではありません。その上で組織のまとめ役であり、もうちょっと進んで、戦略的思考ができる人であってほしいものです。ここまでできれば、リーダーとしてある程度合格点が出ます。

しかし私はさらに、リーダーはミッション、ビジョンの伝道師であってほしいと考えています。「ミッション、ビジョンを自分なりの価値観に変換して、働く仲間と共有する」伝道師であってほしいと思っています。

リーダーとして完成した姿になるためには、メンバーと一緒に学ぶ姿勢が必要です。いつまでも学ぶことがリーダーであって、教えることだけがリーダーではありません。リーダーも謙虚にメンバーと一緒に学んでいくのです。良きリーダーになってくれれば、組織力は最大化していくだろうと私は思っています。最近では、コーチングといった研修もあります。

そこで、リーダーに求められる能力・資質です。まずは高い志と倫理観を持っていることです。それは理念であり、信条であり、ロマンであり、思いやりでもあります。そして好奇心です。好奇心がないと新しい価値は生み出せません。生活者の課題を発見して解決していくためには、世の中への強い関心を持ち、常識を疑うことです。また、シミュレーションしながら、現実の動きと合わせていくことも重要です。そんなことをやっていくと、好奇心はきちんと事業に生きてくると思います。

そしてロジカルな思考です。ここで一番大事なことは、ズームイン・ズームアウトができることです。鳥の目、蟻の目、魚の目です。そしてみんなで腑に落ちるまで、頭が痛くなるほど考えることもやっていきたいと思っています。最終的には、洞察力がもっとも重要な資質になります。

最後に、「リーダーの心構え」です。それはひとつだけです。「どんなときも明るく元気に振舞う」ことがリーダーとしてもっとも大事なことだと思います。リーダーには仲間の中で、一番明るい人であってほしいと思っています。これさえリーダーがきちんと守ることができれば、メンバーたちに一緒に使命を果たしてもらえるのではないでしょうか。

「会社に利益をもたらす」ことは当たり前のことです。けれども、利益よりは新しい仕事を創出していくことに重要性を感じます。

経営統合を契機とする事業変革

ＪＸホールディングス株式会社相談役　高萩　光紀
一橋大学名誉教授　野中郁次郎

統合の舞台裏

野中　近年、グローバル経済においては、競争力強化、体質強化のための企業統合が行われています。しかし、統合は容易なことではなく、不協和音も聞こえてきますし、実際に統合発表後に解消したケースもいくつか見られます。

新日本石油と新日鉱ホールディングスは、ともに一〇〇年以上の歴史を持ち、企業文化も異なる企業です。その両社が統合し、ＪＸホールディングスとして大胆な事業変革を進めています。しかも、大型の経営統合の成功事例は非常に少数です。ＪＸホールディングスの経営統合を学ぶことは、今後の企業経営のあり方に大いに参考になると思います。このようなお話を伺える機会は稀なので、まずはＪＸホールディングスの簡単な紹介を高萩社長にしていただきます。

高萩　ＪＸホールディングスは、二〇一〇年四月一日に新日本石油と新日鉱ホールディングスが経営統合して誕生した持ち株会社です。その三カ月後の七月一日には、新日本石油とジャパンエナジー両社の石油精製販売事業を統合し、ＪＸ日鉱日石エネルギーを設立しました。

さらに、石油と天然ガスの開発会社である新日本石油開発とジャパンエナジー石油開発が統合してＪＸ日鉱日石開発となりました。それから銅事業を中心とする非鉄金属会社であるＪＸ日鉱日石金属を設立しました。この三つを中核事業会社として、それに付帯する形で、チタン事業の東邦チタニウム、道路舗装では日本ナンバーワンのＮＩＰＰＯなどの関連会社群があります。

当初、中心はあくまでもＪＸ日鉱日石エネルギーでした。ブランドはＥＮＥＯＳという新日本石油のブランドに統一することで合意し、現在もＥＮＥＯＳを使用しています。国内での販売シェアは三五～三六％で、競合他社に比べると倍以上です。統合により、石油精製販売会社としてはトップ規模の会社になったわけです。

現在、ＪＸホールディングスの傘下には上記の三つの事業会社を置いています。売上高としては、二〇一〇年度が約九兆六〇〇〇億円、二〇一一年度は約一一兆一九〇〇億円となる見込みです。二〇一〇年度は統合初年度でしたが、それでも約四一〇〇億円の経常利益を出すことができました。また連結子会社は一三〇社になり、従業員は関係会社も含めて約二万五〇〇〇人です（二〇一一年度第3四半期決算時点）。

ＪＸグループをつくるにあたり、「エネルギー・資源・素材における創造と革新を通じて、持続可能な経済・社会の発展に貢献します」という新たな大きな理念を掲げました。そしてその下に、ＪＸグループの行動指針として、五つの言葉の頭文字を取ったＥＡＲＴＨ（地球）という五つの価値観に基づいて行動することを宣言しました。EARTHのEはEthics（高い倫理観）、AはAdvanced ideas（新しい発想）、RはRelationship with society（社会との共生）、TはTrustworthy products/services（信頼の商品・サービス）、HはHarmony with the environment（地球環境との調和）です。

野中　私自身の関心事のひとつはジャッジメント（判断）です。リーダーの条件について、これまで経営学の世界では、「ディシジョン・メーキング（意思決定）」という概念が支配的でした。しかし、ディシジョンはどちらかというと情報処理の結果で、アルゴリズムやプログラミングが正しければコンピューターでもディシジョンはできることになります。

そこで最近注目されているのが「ジャッジメント」です。ジャッジメントとは、その時々の関係性や文脈を読み取り、現実の背後に存在する本質を見抜いて、タイムリーに最善の決断を下す能力をいいます。この観点から見たとき、大型の経営統合を成し遂げたリーダーシップには学ぶべきものがあると思います。統合のコンセプト、目標、社員や文化の融合も含めて、様々な関係性をどのように洞察しながら合意形成に至ったのか、統合というジャッジメントをしたその経緯を教えてください。

高萩　日本の石油産業は、戦後の経済成長と歩調を合わせるように拡大してきました。昭和二〇年代～三〇年代初頭までは、日本のエネルギーの大宗は石炭でした。その後、石油へと替わっていき、石油の需要は毎年一〇％以上伸びていきました。一九七三年の第一次オイルショック、一九七八年の第二次オイルショックでは、若干需要は落ちましたが、その後また需要は伸び、右肩上がりの成長を遂げてきました。当時の政府も、石油の安定供給の確保が第一で、原油の安定確保と同時に、国内での生産設備などは潤沢に石油会社に持たせました。現在では、電力会社がそれに近い状態になっています。

一九九九年、国内の石油需要は約二億五〇〇〇万キロリットルになりました。しかし、この年がピークで、二〇〇〇年以降は毎年三％ないし四％ずつ石油の需要が漸減するという状態で現在に至っています。その原因のひとつに、政府のエネルギー政策があります。石油依存への国家安全保障的な危機感と地球温暖化問題、さらには産油国が政治情勢の不安定な中東諸国に偏在していること、ＯＰＥＣの力の増大などがあり、政府は石油から他の代替エネルギーへの移行を考えていました。そこへ出てきたのが、環境にやさしい天然ガス、安価な石炭、そして原子力です。これらのエネルギーも利用しつつ、石油の需要を少しずつ落としていきました。自動車も燃費のいいハイブリッド車やプラグインハイブリッド等々、ガソリンを従来の約半分しか消費しない自動車が奨励されています。

したがって、国内の石油需要は毎年どんどん下がり、統合に向けた話し合いが始まる二〇〇八年頃には、石油の需要は約二億キロリットルにまで落ちていました。

ところが、国内での石油の精製設備、つまり生産設備は、どこも自社の設備は削減したくはないので、慢性的な供給過剰状態がその後続くことになったわけです。そのような状態が続けば、石油産業そのものが業種として疲弊し、成立しなくなります。このような危機感は私自身も非常に強く抱いていましたし、当時の新日本石油社長（統合後ＪＸホールディングス代表取締役会長、現相談役）の西尾も、このような状況では将来の展望が描けないと、同じように危機感を強く抱いていました。これが統合へ向けた話し合いの始まりです。

実はそれ以前の二〇〇六年、水島にある新日鉱グループと新日本石油の製油所を、港湾下に直径五メートルのトンネルを掘ってパイプラインでつなげました。これにより必要な留分を互いに融通し合うことが可能になり、より効率的になりました。

この計画は、新日鉱グループと新日本石油、それに三菱化学、旭化成を加えた四社と経産省も加わって実現しました。ここで、両社の包括的な業務提携が成立したのです。このパイプラインによってもちろん成果は上がりました。しかし、企業そのものが異なるために制約もあり、水島以外の製油所での連携は進展しませんでした。

そうした経験を踏まえた上で、両社の統合が実現すれば単独ではできないような大胆な改革を断行できると考えました。そうすれば、全国にある石油精製設備の効率的な配置、徹底的なコスト削減、シナジー効果による成長など成果が上げられるはずです。また、国内マーケットシェアも三五％以上になり、シェア一六％の第二位とは、大きく差をつける形になります。そうすれば、業界内での強力なリーダーシップが発揮でき、業界全体の体質改善に貢献できます。これらの理由から私たちは統合を決意しました。

また新日鉱グループは、非鉄金属である銅の事業も手掛けていました。銅の需要は今後も増え、世界的にまだまだ伸びる事業です。一方、新日本石油は、石油開発にかなりの力と資金を投入していました。そのため新たな分野である新日鉱グループの銅の事業が魅力的だったことは確かだと思います。これも統合への話し合いの発端になりました。

野中　現実に統合に至るまでには、人事の問題も含め、様々な部分でせめぎ合いがあったと想像します。どのような経緯で合意形成を進めたのですか。

高萩　当時、新日本石油の売上は、新日鉱ホールディングスの二倍ありました。普通に考えれば、吸収合併という形でもおかしくありません。しかし吸収合併では、新日鉱ホールディングスとしては、生き延びるためには仕方がないとは思えませんでした。そこで、あくまで対等統合であるという大原則を打ち出しました。交渉材料となったのは、新日鉱グループがもっている銅の事業です。その根底には、やはり石油事業そのものが共倒れになるかもしれないという強い危機感がありました。特に新日本石油の場合は、日本トップの石油会社だったので、この危機を看過するわけにいかず、仮に人事面などで譲歩するところは譲歩しても、トータルとして統合シナジーによって成果を上げたほうが、お互いにプラスになるという意識が強かったように思います。そのような意識があったために、様々な折衝を進めることができたのです。

新日鉱グループも新日本石油も、それぞれ設立一〇〇年を超える会社でした。長い歴史があるため、社風をはじめとして、企業文化も異なる部分が多々ありました。それでも過去の歴史を捨て去ることに、OBや社内からの反対意見はほとんどありませんでした。それだけ関係者が強い危機感を共有していたともいえます。

二〇〇八年一二月、経営統合の基本的な合意をし、そこから実質的な交渉が開始されました。当初は、二〇〇九年一〇月の統合を目指してスケジュールを組んでいましたが、実際に統合が実現したのは二〇一〇年四月でした。国内での公正取引委員会への審査・認可手続きに加えて、両社では、アメリカ人株主がそれぞれ一〇％以上を占めていたので、統合するためには米国証券取引委員会（ＳＥ

C）への登録届出書の提出が必要でした。その作成のために膨大な作業を強いられたことが、半年遅れになった理由のひとつです。

野中　統合にあたっては、トップ同士の本音での対話が非常に重要だと思います。さらにその内容もお互いの危機意識がネガティブに働いて縮小均衡になるのではなく、むしろポジティブに働いてシナジー効果によって成長しようという前向きな議論であるべきです。これは容易ではないと思いますが、どのように合意形成へ向けた対話を進めたのですか。

高萩　まず「ベストプラクティス」という大原則を確認しました。「ベストプラクティス」とは、縄張り意識や過去のしがらみは互いに捨てて、常に全体観に立って最善の選択をし、劇的な事業変革を断行するとの基本姿勢を表した言葉です。

もちろん、その過程には、統合比率の問題、役員の数・比率の問題などもありました。また、使用するブランドマークについても、結果的にはＥＮＥＯＳにいたしましたが、それもすんなりとは決まりませんでした。新たなマークにするには作製費がかかる、ならばＪＯＭＯかＥＮＥＯＳに統一することとなりますが、結局、新日本石油はジャパンエナジーの二・五倍のシェアがあったので、ＥＮＥＯＳを使用することにしました。

それから、ホールディングスと中核事業会社をすべて足した取締役の数は五〇：五〇にしました。これは新日本石油サイドが譲歩した形になります。実際に現在のＪＸホールディングスの取締役数はそうなっています。いつまでもこれを継続するつもりはありませんが、統合初期の段階としては仕方がなかったと思っています。

野中　これまでの経営統合では、会社の規模に差がある場合、大が小をのみ込むケースがほとんどだと思いますが、ＪＸホールディングスの場合は政治的なジャッジメントがあったということですね。最終的な合意形成に至るプロセスには信頼関係が不可欠ですが、トップ同士の信頼関係はどのように構築したのですか。

高萩　二〇〇八年一二月の基本合意に達した頃から、西尾と私はテーマがなくても一週間に一回、最低でも一時間は必ず会うことに決めました。一年以上続いたこの会合で、統合後のグループ運営のイメージなどについて率直な対話を重ねました。

野中　実際の統合が具体的に展開する以前に、二人の対話の中で基本方針を決めたのですね。高萩社長は〝退路を断つ〟と言っていましたが、それはどういう意味だったのでしょうか。

高萩　会社の具体的な運営方法は、統合後に協議して決定するのが普通だと思います。そもそもＳＥＣの問題等々で半年延びていましたし、統合後に初めて顔を合わせる者同士で議論をしていては時間がかかります。

統合直後の二〇一〇年五月に中期経営計画（以下「中計」）を発表しましたが、基本的な部分は統合以前にすべて決定したものです。例えば、「効率的な石油精製能力とするために、二〇一〇年度末までに四〇万バレルの能力を削減し、二〇一四年度末までにはさらに二〇万バレルを削減する」などです。

それに基づき、その後は、統合シナジーと製油所等の合理化効率化を合わせて、「三年間で約一一〇〇億円の統合効果を出すこと」「設備投資は二〇一〇年、一一年、一二年の三年間で約九六〇〇億円とし、そのうちの七〇％は成長分野に投資をする」「二〇一二年度の中計の最終年度には、経常利益で三〇〇〇億円以上の経常利益を挙げる」など、これらを決定し、すべて発表してしまうという形を取りました。このように、公表することで自らの退路を断ち、前進したのです。

企業と社会の共生

野中　ハーバード大学経営大学院のマイケル・ポーター教授は、これからの企業は本業を通じて社会に貢献する「共有価値の創造（Creating Shared Value：ＣＳＶ）」を目指すべきだとしています。日本企業は三井物産の「良い仕事」にみられるように、職業倫理の中に「コモン・グッド（共通の善）」を追求する意識が埋め込まれていると思います。だから、あえてＣＳＲやＣＳＶなどという言葉を掲げるまでもなく、企業自身が社会的存在であり、パブリックな善を追求する責務を負っているという自覚があるはずです。そのような点から、あらためてＪＸグループの価値を教えてください。

高萩　会社の価値は、それぞれのステークホルダーによってかなり変わってくると思います。例えば、株主にとってみれば、株価を上げて時価総額を高くすることや資産価値を上げることなど、株主価値を最大化することがその会社の価値になります。一方で、社員にとってみれば、給与も賞与も多ければ多いほどよいでしょう。さらに仕事にやりがいを感じ、地位も上がればもっと理想的なのかもしれません。しかし、重要なのは社会的価値です。現在、社内にＣＳＲ委員会を設置し、コンプライアンスや社会的貢献、環境安全のための活動を通じて、社会的価値を高める努力をしています。

ＪＸグループでは、「ＣＳＲは事業活動そのものである」という位置づけをしています。これはグループ理念への実現につながるものです。グループとしての創造と革新を通じて、持続的な社会経済の発展に貢献していく中で、国民生活や産業活動に不可欠なエネルギー・資源・素材を安定的に供給し、将来の世代に向けた低炭素・循環型社会を企業とマッチさせていかなければなりません。

一方で、石油や銅の事業は地球環境に負荷を与えてしまいます。それを一人ひとりが自覚していなければならないでしょう。石油販売シェア一位の企業である以上、単にエネルギーの安定供給だけではなく、社会的な義務・責務を果たし、社会に対して存在感を高めていくことを考えながら事業を進めることが重要です。それが果たせなければ、今後の継続的な発展は望めないと実感しています。

野中　現在、世界的に資本主義の限界にきていると指摘されています。しかし、だからといって社会主義が評価されているわけではありません。グランドセオリーとして注目されているのが、社会主義と資本主義のハイブリットです。ジョヴァンニ・アリギの著書『北京のアダム・スミス（Adam Smith in Beijing）』は、その手本となるのが中国であるというシンボリックなタイトルだと理解されています。

このような大きな視点からも、震災後の日本のエネルギー政策は、そのあり方が問われています。しかし、この議論は原発の廃止か継続かといった二元論的な感情論になっているので、ある時点での賢い判断が必要とされると思います。また、このような感情論は原子力についての議論が一向に進まない原因ともいえます。エネルギー・カンパニーとして、リアリズムを持ったエネルギー政策のあり方について、どのように考えていますか。

高萩　日本は自国で産出できるエネルギーがほとんどない国です。さらには島国であるという事実を受けとめた上で、リアリティのあるエネルギー政策・議論は必要不可欠だと思っています。

震災後、確かに福島第一原発の不幸な事故はありました。しかし、あれをもって原子力発電の賛否を問うのは間違いです。原子力発電そのものに対する信頼性が大きく損なわれたのは事実ですが、電気の安定供給、経済合理性、環境適合性という3E全体の最適を達成するためのエネルギーが他にあるかというと、実はひとつもありません。したがって、中長期的な物の考え方では、とりわけ電力供給問題を克服できるような、電源のベストミックスを再構築していかなければならないと思います。その中には、もちろん原子力も入ります。別の見方をすれば、それは化石燃料（石油、天然ガス、石炭）と再生可能エネルギー（水力、風力、地熱、太陽光発電）とのバランスの問題でもあります。

個人的には、原子力ゼロで日本の電力エネルギーを中心とした安定供給を継続するのは難しいと思います。少なくとも、他の代替エネルギーでの解決策が見つかるまでの間は原子力に頼らざるを得ません。もちろん、今まで以上の安全性の確認が大前提になるのは当然です。さらには、原子力の比率をどの程度にするかも、併せて考えなければなりません。今まで原子力は、ウランを輸入していたものの、準国産エネルギーと位置づけられてきました。それが極端に利用できないとなると、無資源国である日本にとって、系統電源の安定供給制度に支障を来すことは間違いありません。したがって、いかに冷静に客観的な議論ができるかが、ひとつの課題だと思います。

それからもうひとつ、化石燃料も中長期的に見ても基幹エネルギーのひとつであることに変わりはないということです。3・11のような大災害が起きた場合、電力網は寸断され、ガスもパイプラインが切れてしまえば使えません。石油は可搬性がある上、貯蔵が可能で、利便性にも優れています。きわめて便利なエネルギーであることは間違いないので、特に緊急事態では非常に大きな力を発揮します。この化石燃料をどのように位置づけていくかという問題が二番目です。

確かに再生可能エネルギーは、エネルギー自給率の向上や地球温暖化対策等では脚光を浴びています。しかし、これですべてのエネルギーが賄えるかというと、日本ではそうはいきません。とくに太陽光発電は、メガソーラーが高コストなことと、電源としてきわめて不安定だという欠点がありま す。それに、太陽光発電の施設を建設するには膨大な土地が必要です。エネルギー経済研究所の試算によると、原子力発電一基分＝一〇〇万キロワットのメガソーラー発電をするためには、山手線の内側と同じ面積が必要という試算になります。それは現実的な話ではありません。もうひとつは、太陽光の名の通り、残念ながら夜間は発電できません。それから、天気に大きく左右されるので、雨、雪、曇りになると発電効率が大きく落ちてしまいます。現在、平均稼働率は一二％といわれていま す。これが日本の主要なエネルギー源となるには無理があります。

もうひとつ考慮すべきことは、分散型エネルギーです。日本のような地震大国では、今後も災害が心配されます。例えば、エネルギーの地産地消のように、コミュニティーで使える燃料電池があれば、便利なエネルギーとしての使い方もできると思います。このように、エネルギーの「ベストミックス」を模索する必要があるというのが、私の考え方です。

野中　当時、福島の原発事故については、技術的な問題と非常に狭く捉える傾向がありました。ですが原子力発電は大きなプロジェクトなので、単なるモノとして捉えるのではなく、そのプロセスや地域社会だけでなく世界との関係性に比重を置いた見方が重要になります。つまり、原子力発電については、世界レベルでの安全保障問題も含めた大きなスケールでとらえなければ、新しい解は出ないと思います。実際に、東日本大震災では、最後の砦は自衛隊や米軍だったことからも、世界的な視野で原発問題を考える必要があります。この事故は、政権、東京電力も含めて、リーダーたちによる人災であるというのが、私が民間の調査委員会のメンバーとして得た率直な意見です。

次の舞台に備える

野中　グループ経営の問題についてお聞きしたいと思います。ピーター・ドラッカーが予言したとおり、二一世紀に入り、知識社会が到来しています。結局、知は人と人、人と環境との関係性の中でしか生み出せないので、どのようなスケールで知をつなぐかが戦略の根幹になります。そういう面では、グループ経営はまだまだ未開拓な領域です。しかし、今後ますます日本企業はグループ経営へ向かわなければならない状態になりつつあります。JXグループのグループ経営の特徴について教えてください。

高萩　JXグループは、持ち株会社体制で経営しています。JXホールディングスがあり、その傘下に、エネルギー、石油・天然ガス開発、金属の中核事業会社があります。正直に言うと、その部分のせめぎ合いは頻繁に起こります。求心力と遠心力の戦いのようなもので、ホールディングスはグリップを強くしたがり、それに対して各中核事業会社は独自の事業をやりたがります。持ち株会社体制では、どこでも同じような葛藤が起きてくると思います。この問題に関しては、まだ最適な解決方法は見つかっていません。現在も試行錯誤の最中です。ただひとつ言えるのは、「トータルベスト」という原則は、何としても貫かなければならないということです。当グループでは、資金は持ち株会社がすべて一括管理し、どの事業で得た資金かにかかわらず、将来的に最も収益性の挙がる分野へ優先的に投資しています。

それを理解してもらうためには人事交流が必要です。人事交流といっても、石油関係の営業と金属関係の営業との交換などという非現実的なものではなく、ホールディングスと各中核事業会社との人事交流です。長い間ホールディングスにいると、危機感やスピード感が鈍る可能性もあります。反対に、事業会社ばかりにいると全体を見る目を養えません。これは教育という面もありますが、例えば三年間のホールディングスの勤務後は、各事業会社へ戻る、逆に事業会社からホールディングスへ異動するなどの人事異動を行い、両方の業務を経験させることで、全体観から物事を考えられる人材を養成したいと考えています。それが、最大の責務のひとつだと思っています。

野中　最後に、高萩さんの信条をお聞かせください。

高萩　中学生の頃、当時の先生に教わった「意志あるところに道あり」という言葉が、私の信条になっています。「自分で何かをやろうと思わなければ何もできない」ということですが、その後、大人になって上杉鷹山の本を読むと、同じことが書かれているのに驚きました。

もうひとつは、シェークスピアの戯曲『マクベス』に出てくる、「どんなひどい嵐の中でも時は過ぎていく」というセリフです。これは社員へのメッセージでもあります。晴れもあれば雨もあると思ってあまり思い詰めず、前向きにサラリーマン生活を送ってほしい、と特に新入社員に話しています。

野中　企業体をけん引する「賢慮のリーダー」には、六つの能力が必要だといわれます。①は「〝善い目的〟をつくる能力」です。今日のお話でも、統合の崇高なコンセプトは善い目的にありました。②が「場をタイムリーにつくる能力」です。両社長が毎週会合をしていたことからもわかります。③が「ありのままの現実を直観する能力」です。④が「直観の本質を概念化・言語化する能力」です。これも今日のお話に出てきました。⑤が「その概念を具現化する政治力」です。最後の⑥に、「これらの力を組織に埋め込む能力」です。これらはまさに、高萩社長のリーダーシップにも表れています。さらにこのリーダーシップが型としてＪＸグループに組織化されたとき、世界が求める新たな企業像を示せると確信しています。

資本主義の限界が見え、今後もコモン・グッドに向かってさらなる試みがなされると思います。少なくとも私たちができることは、組織をワイズにし、コモン・グッドという志を掲げ、現実のなかでタイムリーに最善のジャッジメントしていくことです。このようなプラグマティズムと理想主義を両立した組織体をつくっていくことが、ひとつの解だと思います。

六つの能力の最後にある「これらの力を組織に埋め込む能力」が発揮され、このリーダーシップが型としてＪＸグループに組織化されたとき、これは日本企業が世界に発信できるイノベーションになるでしょう。そして「東京（日本）のアダム・スミス（Adam Smith in Tokyo ／in Japan)」という手本となり、世界が求める新たな企業像を日本から示せると確信しています。

無形の財産

株式会社サンリオ代表取締役会長　辻　信太郎
慶應義塾大学名誉教授　嶋口　充輝

便利なものから心の豊かさへ

嶋口　本日、辻社長に最初におうかがいしたいのは、現在の日本の経済状況のなかで、メーカーが主導してきた日本の経済が厳しくなってきて、別のかたちが出てきています。そんな状況についてどのようにお考えでしょうか。また、今後サンリオのコミュニケーションビジネスはどこに行こうとしているのでしょうか。

辻　私もサンリオの経営を五二年やっています。長く仕事をやっているなかで思うことは、日本も海外も大変な時代に入ってしまったということです。製造業も販売業も、これからどうしていいかがわからない状態だという気がしてなりません。その理由は、イノベーションがなくなってしまったということです。私が生まれたのは一九二七年ですが、それから五〇年ほど前の一八七〇年代には電話やラジオが発明され、やがて自動車や航空機が出て、ついにはテレビが出てきました。

当然「すごいものが出てきたな」「これは欲しい」「なんとか自分も見たい」という購買意欲が自然にわき上がってきました。ですから、松下（パナソニック）や東芝、日立、三菱電機、シャープというような会社がこぞってテレビを造りはじめたのです。最初はアメリカで造っていたものを日本に持ってきたのですが、これを造ることによって、膨大な雇用が発生しました。雇用が発生し、賃金も上がり、国民所得が高くなり、日本の人々に豊かな生活が約束されたわけです。

こういう構造的な変革を起こすような商品は、テレビ以降は出ていません。いまスマートフォンなどがさかんに出てきていますが、これは雇用を生みませんから、いい改造とは言えない。では、いったい何が出てきたのだろうと真剣に考えてみましたが、やはりテレビ以降は新しい雇用を生み出すような製品は、ほとんど出ていません。

私がこの仕事を始めたころは、「三種の神器」といいまして、テレビ、洗濯機、冷蔵庫を人々はさかんに欲しがりました。でも、当初これはほとんどアメリカ製だったのです。ところが、昭和三〇年ごろからすべて日本製になりました。自動車まで日本で造るようになって、いまではアメリカではこういう会社はすっかりなくなりました。いま韓国、台湾の企業が日本で造っているものを同じように造りはじめて、日本も非常に難しい時代になってきた。これが、私が最近思うことです。イノベーションといわれるような、改革的な商品が日本で生まれてこないだろうかと考えているわけです。

これまで人間は、便利なものを欲しがりました。すると、便利なものを売ることや買うことも発展してきました。私たちが小さいころは、町の商店街に魚屋さんや八百屋さん、お菓子屋さん、洋服屋さん、呉服屋さんなどが並んでいました。でも、いまこういうお店は、百貨店によって全部倒産させられてしまった。そして、百貨店の次には量販店です。イトーヨーカドーやイオンなどが小売業を独占しました。うちなども、もうほとんどここと一緒にやらなければやれなくなっています。これが最後かと思ったら、今度はコンビニエンスストアです。このままいけば、百貨店も量販店もなくなって、コンビニエンスストアの時代になるでしょう。しかもこれは日本だけではなく、中国やベトナムなど、あらゆるところに出はじめました。こうして小売業も変わってきた。では、いったい次はなんでしょう。

私は、これからは人間が長く生きていくことを考えていくのではないかと思います。私が子どものころは官僚が五五歳定年でしたから、六〇歳といえばもうおじいさんでした。八〇歳というと「ずいぶん長生きだねぇ」などと驚かれたものです。それが今は、八〇歳がおじいさんで、一〇〇歳が長生きと言われるようになってきました。私はいま八五歳ですから、おじいさんですが、これからは一〇〇歳がおじいさんで一二〇歳ぐらいになると「長生きだね」という時代になるのではないかと思います。

癌はもちろん、認知症もきれいに治るようになるでしょう。いま認知症は進行を止める薬はありますが、治す薬はまだありません。しかし、これもいずれ開発されると思います。最近、日本の高額所得者のところにアメリカから、「一〇〇〇万円と血液を送れ、そうすればあなたのどこが悪いかを全部調べて、薬と一緒に送る。ぜひこれに参画してほしい」という通知が来ています。医学は、今後大きく発展すると思います。しかし、医学と薬学はアメリカにはかなわないでしょう。いくら努力しても、日本では規制が強いので難しいと思います。

便利なものが欲しい、その次はそれを便利に売りたい、買いたい、そして生命を長くしたい。するとその次は、精神的な満足感を得ることに人間は向かっていくのではないでしょうか。精神的な満足感とは、喜びです。何が喜びかというと、例えば最近のＡＫＢ48のような歌や踊りはどんどん発展してくると思います。

そして、もうひとつはコミュニケーションです。親子、兄弟、友だち同士が仲良く助け合って、幸せな交友関係をつくり続けていくことが、これからの社会に適用すべきものではないかと私は思います。

私は、今からちょうど五〇年前、日本がモノを造り、そしてアメリカも日本でモノを売り歩いていたとき、やはり精神生活の満足感はコミュニケーションだろうと考えました。そして、親子、兄弟、友だちが仲良く生きていくことが必要だろうということで、ソーシャルコミュニケーション、ギフトカードビジネスというものを始めたのです。

最近やっとコミュニケーションが「おはやり」になってきました。アメリカにはFacebookという会社がありますが、これがコミュニケーションの会社です。私の秘書がこれに入っていますが、早速〝友だち〟が一〇〇人できました。そのうちの一〇人はアメリカ人で、中国人と韓国人が二人ずついます。でも、「会ったことがあるのか」といわれると、もちろん会ったことはありません。ただ〝友だち〟に加えられているということです。こういう〝友だち〟は、われわれのソーシャルコミュニケーションの「仲良く助け合っていこう」という友だちの中には入れません。

サンリオが考えるコミュニケーションは、みんなと仲良くなるにはどうしたらいいかというと、友だちに何かあったときに声をかけたり、手紙を送る『グリーティングカード』と、ちょっとした小さなプレゼント『スモールギフト』です。スモールギフトでビッグスマイルになろう、みんなで仲良しの輪を広げようという理念で、全国にサンリオギフトゲートという名前でギフトショップを展開し、このメッセージを伝えるために、キティちゃんというキャラクターを作ったのです。

また、いい企業をつくると、どうしてもまねされます。まねされない工夫はないだろうかということで、特許を取ろうとしたのですが、特許より著作権がいいよといわれました。特許は一七年ですが、著作権は日本ならば五〇年、外国では七〇年、一〇〇年というところもあるというのです。では、著作権というのはどういう商売をするのかと尋ねると、「古池やかわず飛び込む水の音」というのを徳利などに書いて売り歩けばいい、というわけです。そこで、やなせたかしさんや水森亜土ちゃんに絵を描いてもらい、それを贈り物として持っていくというビジネスを始めました。

この時、ディズニーにも行き、このキャラクターマーチャンダイジングビジネスについての相談を三回にわたって試みたのですが、返事はありませんでした。そこでサンリオは、著作権ビジネスを中心に置いて、独自にキャラクターマーチャンダイジングのシステムをつくり、現在までやっているわけです。

嶋口　ありがとうございました。冒頭に非常におもしろいお話をいただきました。私も辻社長のこれまでの業績やヒストリーを勉強させていただきましたが、社長ご自身が次から次へと新しいアイデアと発想でイノベーションを起こしてこられた方です。いつも時代を先取りしてこられたと感じていましたが、今のお話をうかがいまして、「ああ、そういう流れの中でやってこられたのか」と納得できました。

いま辻社長がお話しされたように、メーカーであってもサービス的な付加価値の部分が非常に高くなってきて、全体には物よりもサービスという流れがあります。これはアメリカでは、「サービス・ドミナント・ロジック」という言い方をされますが、一九九〇年代の後半あたりから非常に強調されるようになってきました。

これまでの経済はモノが中心でした。そのモノというのは、農業、漁業という第一次産業と工業という第二次産業から出てきました。第三次産業のサービス業も、どちらかというとモノから始まって、それに付加価値を付けていくというような形でした。つまり、これまでは経済がモノ中心の「グッズ・ドミナント・ロジック」だったのですが、最近はむしろサービスがまずあり、そのなかにモノが入ってくるという形になっている。これが最近の大きな変化です。

ですから、今はメーカーであっても、サービス的な発想――いわゆる無形のものを中心に考えてニーズをつかみ、それが具体的なビジネスに向かっていくという動きになっているわけです。いま辻社長が冒頭でおっしゃっていたように、まさにかつてモノで成長してきた日本がそれだけでの成長が難しくなっていくなかで、新しいコミュニケーションサービスをベースにサンリオのかたちを創っていったというお話だったと思います。

無形の財産が重要になる時代

嶋口　辻社長ご自身は日本ペンクラブの会員でもあり、日本文芸家協会の会員でもあって、まさに芸術の世界でもビジネスの世界でも非常に厳しいなかでこれだけの会社をつくりあげてこられました。非常に豊かな発想でサンリオをここまで育ててこられたと思いますが、持続的にイノベーションを起こしていくコツのようなものがあれば、お聞かせください。

辻　私は、昭和三〇年ごろ、日本のメーカーがそれまでアメリカがやっていたテレビや家電製品を造ってアメリカに輸出していく状況を見ていましたが、アメリカの家電メーカーは潰れたわけではありませんが、日本にかなわないので結局造らなくなりました。

では、アメリカの工業はなくなったはずだと思っていると、やっぱり悠々とやっている。これはなんなのかと思って見てみると、軍需産業でした。軍需産業は、戦争をしている両方の国に売ります。そして、それは戦争が始まればすぐになくなりますから、戦争さえ起こしておけばなんとかうまくいくわけで、金儲けのみを考えるならば、うまい商売です。

その次はＩＢＭです。ＩＢＭは計算機の会社でした。サンリオもたくさんの種類の商品で低価格、売り先の数も多いので、経理は大変でした。そこで、うちはＩＢＭのコンピュータをかなり初期に入れた会社なのです。

もうひとつは航空機産業です。日本は、部品は造れたけれど、組み立てはできませんでした。航空機は、安全性が利益として膨大なものになります。このあたりがアメリカの工業が非常に大きく伸びていったポイントではなかったかなと思います。

ところがそのＩＢＭが、いまパソコンは造っていません。パソコン部門は、中国のレノボという会社に売ってしまいました。先日会社のパソコンを全部替えたのですが、それを造っているのは台湾や日本の会社です。ところが中を見ると、それは全部マイクロソフトなどの特許で動いているのです。ＩＢＭにしてもマイクロソフトにしても、最近のアップルにしても、みんな特許を持っていますから、造ってはいないけれども、この使用権の収入で維持できている。

ですから、いま嶋口先生が言われたように、すぐまねしてきますから、造るものはダメです。どんどんまねされます。その使用方法の特許、あるいは造り方の特許、あるいは造り方の著作権などを重用視し、これを基本にして、まねされないことに中心を置いていったらいいのではないかと思います。

これから類似品がどんどん出てきますから、サンリオの場合も、法務室の年間の予算は人に言えないぐらい膨大なお金がかかっています。それは、全世界に向かってそれを侵してくるところに対する訴えをしょっちゅう起こしているからです。非常に幸せだったことは、サンリオのキティちゃんの著作権が、全世界で確立しているということです。

コーポレートアイデンティティをやっているウォーターランドという会社がアメリカにありまして、その代理店をうちがやったことがあります。それで、全世界の調査網を私は持っています。ウォーターランドという会社は、アリタリア航空やハワイアンエアライン、バンク・オブ・アメリカという会社のマークなどをつくった会社ですが、そこが世界中の調査網を持っていまして、そこでサンリオという名前などを世界的に早く押さえることができました。だから皆さんも、これからはやはり著作権や特許などを利用するビジネスを考えていくべきではないでしょうか。

嶋口　イノベーションについて、ＩＢＭの事例を出されました。ＩＢＭはいまもコンピュータがベースですが、製造業の発想はありません。いまから一〇年ほど前に、ある日本のコンピュータメーカーさんのシンポジウムの司会をさせてもらいました。そのときのテーマが製造業の中にサービスをどのように取りこむか、というものでした。そこでシンポジウムのときに担当の方に「御社はやっぱり製造業ですか」と尋ねると、「産業分類上も製造業ですが、コンピュータの分野ではサービスの技術がどんどん高まっていて、どうしてもこれを真剣に考えなければならない」というお話でした。

それから数週間して、別のＩＢＭの幹部の方に「ＩＢＭは製造業ですか」と聞くと、「いや、うちはサービス業です」とはっきりと言うのです。「だってモノを造っているのではないですか」というと、「いや、産業分類上は製造業といわれているけれども、うちはサービス業だ。我々はソリューションというサービスを売っている会社だから、モノにはもうこだわらない」というわけです。実際にパソコンは中国の会社に全部売却して、「モノはどこからでも適切なものを取り込んでくればいい」という形です。そして、「我々はサービス業だ」とはっきり言うのです。

日本のコンピュータメーカーさんとＩＢＭでは、その部分で未来に対する可能性が違うのかな、と感じました。日本は日本なりに、ものにこだわる、ものづくりにこだわるところは悪くはないと思いますが、その前提をしっかり考えることは重要です。そのあたりが先ほど辻社長がおっしゃった、まねをされない、イノベーションのなかで差別優位性を作る、ということではないかと感じた次第です。

企業の社会的責任は雇用

嶋口　先ほどのお話の中で、これからはものづくりや物販中心よりも、著作権や新しいコンテンツをいかにビジネスのベースにしていくかというお話がありました。実は、先週のNHKスペシャルで、ほぼ一時間にわたりサンリオさんの国際戦略が紹介され、辻社長も出演されていました。そのなかでも、かなりはっきりと「これからサンリオは、物販から著作権のほうに重点を移していく」というお話がありました。

それを拝見して、日本はコンテンツ産業が――NHKスペシャルの内容をそのままに言うと、一五兆円ほどあるとのことです。もともと日本のコンテンツは輸出比率が高いといわれていたのですが、わずか五％しかない。車は四十数％が輸出ですから、まだまだコンテンツ産業では海外の比率が低い。でも、おそらくこれからは、先ほど辻社長がおっしゃったように、コミュニケーションビジネスとしてのサンリオがこれを進めていくと思います。

そのなかで、すごいなと思ったのは、ディズニーや「ピーナッツ」のスヌーピーなどは規格がピシッと決まっていて、あまり変えることができない厳しさがありますが、サンリオの場合には、かなりこれが自由に変えられるということです。それが好業績に結びついているということなので、そのあたりのお話をうかがえればと思います。

辻　あの番組には、少しやりすぎの部分もあります。サンリオも、全部自由にさせているわけではありません。キティちゃんの絵は、第一に暴力的なものには絶対使っては困ります。だから、ナイフのようなものに使うことは許可していません。かつて海外で、大砲の弾にキティちゃんのデザインをつけるとみんなが幸せになるというばかな話がありましたが、とにかくそういう暴力的なものにはいっさい使えません。それから、性的な表現にもキティちゃんを使うことはできません。これまでも、コンビニなどでそういうものを売りたいという話がありましたが、いっさい許可していません。それとドラッグ系や注射器にも許可を与えていません。

絵についてはある程度の自由度は認めていますが、商品の扱いについてはかなり制限があります。ゲーム会社からキティちゃんを使いたいという話もありましたが、なかなか簡単には乗れない規制があるのです。

嶋口　それは、基本精神は堅持するけども、形的なところは少し余裕をもってやるということですね。

辻　そういうことよりも、著作権ビジネスで私が本当に悩んでいるのは、実は雇用の問題です。利益を上げるということも大切でしょうが、企業にとって一番大切な責任は雇用なのです。雇用を持たないような企業は、社会貢献ができないということです。いまメーカーは海外生産をどんどん進めているようですが、やはり日本で生産してくれないと日本人の雇用は増えていきません。だから企業の責任者は、なんとか日本人を雇用することに力を入れてもらいたいと私は思っています。

ご承知のように、サンリオもロイヤリティビジネスに特化したとたん、雇用が必要なくなりました。もう人も設備投資もいらなくなった。そこで最近は少し考えを変えまして、もう一度物を造って売っていこうとしています。「スモールギフト・ビッグスマイル」のビジネスに変えていかないと、雇用は出てきませんから。

来年についても人事部は、「定年で辞める人が増えないかぎり、採用は無理です」と言っていますが、「とにかく三〇人でも四〇人でも来年度の募集をちゃんとしてください」と指示しています。すると、四〇人の募集に対して七〇〇〇人もの応募がありました。

銀行も儲けている会社には融資をしたいのですが、いまのサンリオには設備投資がいらない、だからお金はいらないと言うと、嫌な顔をされます。そこで、いまある直営店を全部改装することにしました。周囲のことをあれこれ考えると、なかなか難しいものです。

嶋口　雇用についてはまったく同感です。我々が学生のころには、日本の経済政策は成長もさることながら、雇用を第一に考えていました。アメリカも国の政策として雇用は重要でしょうが、個々の企業は雇用よりも成長を中心にしています。その点、日本は違うと思っていたのですが、いま辻社長がおっしゃったとおり、もう一度日本の経営者の皆さんには雇用を守ることをしっかり考えていただきたいですね。

しかし、こういうピューロランドのようなところには、中国などアジアの人々にどんどん来ていただけるのではないでしょうか。そうなれば、こうしたビジネスは雇用を増やす可能性があります。機械化も進むでしょうが、人間がやらなければならないことも、それなりに多くあると思います。

国際戦略のなかで、いまサンリオが著作権ビジネスでいろいろな方とライセンス契約をやっているのは、まさに標準をしっかり出しておいて、その上でパートナーのクリエイティブやアイデア、イノベーションをうまく取り込んで独特のものをつくっていくっていうのは、非常に可能性があると感じました。

サンリオの夢と使命

嶋口　最後に辻社長からのメッセージをお願いいたします。

辻　いまサンリオがやっているビジネスは、主に四つです。一つは、コミュニケーションです。皆が仲良く助け合って生きていってもらいたい。東北地方の大地震でも、日本人は水を配ると言ったら、ペットボトルを持って一〇〇人がじっと並びます。おむすびを配ると言ったら、二〇〇人が静かに並んで一人ひとり順番にもらっていく。これを中国人が見て、我々には考えられない、とびっくりしています。これは、やはり日本人の素晴らしさだと思います。

私は、助け合って仲良くみんなで頑張って生きていこうという日本の気持ちをキティちゃんに託して、世界中に広めていきたい。これには、ちょっとしたときに、たいしたものでなくてもいいからプレゼントをあげる、スモールギフトでビッグスマイルです。人を訪ねるときにはちょっとしたものを持っていき、帰りには何かお土産をあげる。だいたいはお菓子みたいなものが多いけれども、サンリオの商品をそれに使ってくださいというスモールギフトのビジネスです。

これからみんながスマートフォンを使いはじめると、字をまったく書けなくなるのではないかと心配です。そんなことになると文章はつくれなくなります。そういう人たちに対して、手紙を出す、もらうということがどんなにうれしいことかを伝えたい。これが二つ目のビジネスです。

私などは、郵便受けに手紙が入っていると、もうその場で開いて見たくなる衝動にかられるほど、手紙というのはとても大切なものだと思います。ですから、私も一生懸命手紙を書いています。これには、言葉が大切だという思いが込められています。

でも、このカードのビジネスは今では廃れてきました。カードよりコンピュータでメールを作成して、スマートフォンで送ってしまう。でも、やはり自分の手で、紙に文字を書いて出すという喜びがあるのです。ですから、ぜひ郵便局に行って、キティちゃんの切手を貼って、すてきな手紙を出してもらいたい。

そして三つめは、キャラクターでコラボレーションするビジネスです。それぞれの商品やそれぞれのお店、あるいはホテルなどでもキティちゃんの部屋を作ると、お客さんが入ります。あるいは台湾の航空会社がキティちゃんの絵を使い、羽田、成田まで乗り込めるようになりました。このように、いろいろなことに利用していただける、キャラクターマーチャンダイジングのビジネスです。

もう一つが劇場ビジネスです。ピューロランドのキティちゃんのショーと同じようなものがやがてマレーシアにもできます。そして再来年は中国の上海にもできます。これはロイヤリティビジネスで、このビジネスは日本での雇用を生まないのが残念ですが……。

サンリオがこのような劇場ビジネスに入っていった理由は、実は五〇年以上も前にさかのぼります。当時日本にはアメリカからいろいろなものが入ってきました、三種の神器などはその代表ですが、これは間もなく日本人が造るようになりました。さらには、テレビも自動車も日本が造って輸出するようになりましたが、どうしても日本が輸出できないものがありました。もうおわかりだと思いますが、それが文化です。

例えば歌です。長唄、清元、常磐津……、これがアメリカに受け入れられるはずはありません。日本の着物も草履も売れません。お化粧の仕方もダメです。日本の歌手をどれだけアメリカに売ろうとしても売れません。アメリカの歌だけが、一方通行で入ってくる。これは悔しい。日本の文化をなんとかアメリカに売っていきたい。しかし日本古来の文化では、どうしても実現できません。そこで、キャラクターに心を乗せて、世界に日本人の優しさや思いやり、助け合いの精神を知らしめていこうとしてできたのがキティちゃんでした。これが、劇場ビジネスとしてのピューロランドなのです。

今はここでのアクロバットは皆中国から来ていますが、日本の踊りも加えて世界中に出していき、文化輸出の一環としてつくり上げたいと考えています。今日は一部を見ていただいたのですが、劇場が他にもたくさんありますし、おもしろいショーもたくさんやっているので、ぜひ皆さんで来ていただきたい。日本の文化を託したキティちゃんを外国の方々にもわかってもらいたいと思います。サンリオの四つのビジネスにあるものは、優しく規律正しい日本人の心を伝えていきたいという思いです。

最後になりましたが、もうひとつお話しさせてください。世間では、「サンリオにはキティちゃんがいていいな。サンリオの社長も楽だな」と思われる向きもあるようですが、これはそれほど楽なことではありません。それをお話しさせてください。

もしも、サンリオという会社が法律に違反したとします。脱税をする意思はないとしても、ミスや考え方の違いはあるかもしれません。でも、結果的に脱税だと判断されると、キティちゃんが脱税をしたことになるのです。あるいはサンリオの社員が自動車事故を起こして逃げてしまうと、キティちゃんがひき逃げをしたことになるのです。この五十数年間、法律違反はゼロですが、これを続けるのは本当に大変なことでした。誰からも指弾されないような会社であり続けるのは、それほど簡単なことではないのです。

新たな成長に向けて

株式会社エヌ・ティ・ティ・ドコモ代表取締役社長　山田　隆持
流通科学大学学長　石井　淳蔵

成長から成熟への転換期

石井　ドコモという会社は、生まれてまだ二〇年。成人式を迎えたばかりという若々しい会社ですが、この間にすでに何度か大きな転機を経験されました。iモードで新しい携帯の生活スタイルをつくり上げ、その後インフラ通信業として顧客満足度日本一の会社になり、さらに現在は中期ビジョンを含めた新しい姿を追求しています。二〇年という短い期間に二度も三度も変身していくという、経営者にとっては非常に厳しい、大変なお仕事だったと思いますが、その二〇年を振り返ってのお考えをまず伺いたいと思います。

山田　当然のことですが、成長期と成熟期ではとるべきマーケティングは大きく違ってきます。数字で見ますと、成長期には年間一〇〇〇万台ほどの増加をしていましたが、成熟期には年間五〇〇万台程度です。成長期には純増一点張りで取り組んできました。とにかく新規顧客を獲得することが第一であり、その訴求ポイントとしては技術・機能主導で、携帯電話はこんなことができますということをアピールすればよかったのです。

ところが、お客様が携帯電話に習熟した成熟期になると、既存顧客の重視をどうやって実現していくのかということが大きな課題になってきます。そのためには、本当の意味でお客様主導に転換しなければなりません。お客様の要望をたくさん聞かせていただき、お客様の要望されていることを実現していくということです。

石井　方向性が明確になってきたところで、具体的にはどのような手を打たれたのでしょう。

山田　お客様主導への変革は絶対必要だということは明確ですが、変革を進めるためには、まずしっかり社内が結束をしなければなりません。また、提供する製品にも顧客重視が実現されなければなりません。そして、顧客サービスの徹底。この三つを柱としました。

社内の結束として、まず二〇〇八年七月に全社一社化とロゴ変更を行いました。成長期から成熟期への転換という大きなチャレンジを会社が断行しようというときには、社の内外に「変わるんだ」ということをはっきり示さなければなりません。これはその意思表示でした。

それとともに、現場に対しては、「お客様満足度の向上」を訴え、当社の第一の目標として「お客様満足度ナンバーワンの獲得」を具体的に掲げました。それまで、お客様満足度ナンバーワンはずっとKDDIさんだったのです。ドコモとしては何としても二〇〇八年一〇月——つまり三年後にはナンバーワンを実現しようという目標を掲げて変革に取り組みました。

この変革に取り組むのはまさに「現場」です。全国一社にしたことでドコモはますます大企業になりました。そうなると一番怖いのが大企業病です。よほど気をつけなければ、現場と本社がどんどん離れてしまいます。そこで、私もまず現場を回りました。主に金曜日と土曜日をこれに充ててきましたが、社長就任以来現在まで全国約四五〇カ所に行っていました。

そして、端末＝電話機です。かつてドコモのｉモードは、９００シリーズと７００シリーズの二つがありました。９００シリーズというのはいろいろな機能がついているもので、７００シリーズが標準的タイプ。要するに端末については、「機能」という縦軸一本で製品ラインナップをつくっていたのです。ところが、お客様の声を聞かせていただくと、携帯電話の機能、いわゆるファンクションはもうこれで十分、その代わりにわくわくするようなデザインのいい携帯電話をぜひつくってほしいという要望が、特に若い女性を中心にして非常に多かったのです。

そこで、機能という縦軸に対して、感性・情緒・アクセサリーという横軸をつけ加え、この二つの軸で携帯電話を提供することを目指しました。機能は標準的ではあるものの、感性や情緒、アクセサリー、デザインがいいという電話機をＳＴＹＬＥシリーズとして提供させていただきました。このときは他にもいくつかの製品ラインを出しましたが、ｉモードでもっとも売れているのはこのＳＴＹＬＥシリーズです。

お客様満足度を追求した取り組みとして、意外に知られていないのが「四八時間以内の訪問対応」です。これは、例えばお客様のマンションなどで、自分の家は窓際ではつながるけれど、部屋の奥に行くとつながらない、何とかしてほしいという要望がありました。これに対して、以前は「お客様、そう言われましても、マンションの奥は難しいのです」という対応だったのですが、改革以降は「四八時間以内に駆けつけます」ということで、実際に四八時間以内にお宅を訪問して、レピーターを付けに行っています。当然ですが、これはすべて無料です。これまでに一四万二〇〇〇件をやらせていただきました。

意外に知られていないのですが、このサービス自体は大変な高評価をいただき、二〇一〇年度にはついにお客様満足度ナンバーワンをいただくことができました。これは、一一年にも二年連続でもらっています。法人では三年連続です。データ通信についても品質を評価していただき、お客様満足度は安定して上位にあります。

私たちが現場に言っているのは、お客様満足度ナンバーワンをとるための活動は、これとこれをやったら満足度ナンバーワンがとれるという受験勉強のようなことは絶対するな、ということです。マニュアル主義に陥るのは危険なことで、お客様の満足度を上げることをいろいろやって、その結果として評価がいただけるというのが望ましいということです。

現場主義の徹底

石井　顧客満足度が第一位になっているというお話ですが、以前、ドコモの人はシェアが五〇％を超えているにもかかわらず他社に負けているような感覚を持っている、ということを新聞記者に聞いたことがありますが、今のお話でもなるほどと思いました。

もう一つは、電話機の訴求ポイントを、機能から情緒へと焦点をシフトされたということですね。技術が高くなったこの時代にあっては、機能ベースで競争しているとすぐ追いつかれてしまい、追いつかれるとたちまち価格競争に陥ってしまう。その中で、情緒というディメンションに切りかえると、事態はまったく違ってくるわけで、情緒こそが成熟化した競争経済の中の切り札だと考えておられるマーケッターは非常に多いと思います。ドコモさんもそこを狙って変革をされたわけで、売れているのはスタイル重視の商品だというのもよくわかります。

また、現場にモチベーションをアップしてもらって、頑張ってもらうということですが、なかなかそれだけでは、大きな組織には難しい面があるかと思います。我々が学ぶべき知恵とかやり方、工夫があるのでしょうか。

山田　最初のお話ですが、今から四年ほど前には、ドコモのひとり負けとさかんに言われていました。これは、MNP＝番号ポータビリティーという制度が二〇〇六年に入ったことにより、携帯会社を変えるときに、番号を変えなくても携帯会社が変更できるようになりました。この制度が入ると、どこの国も同じですが、一番大きなシェアを持っているところがパイを失っていくわけです。どんどん平均化に向かっていくからです。しかし、そういう理屈がわかりながらも、やはりドコモはどんどんパイを減らしていく。五〇％超のシェアを持ちながらのひとり負けですから、現場はまったく元気を失った状態でした。

そこで、マーケティングを改めてしっかりやってみれば、最初に述べたように、成長期から成熟期に入ったにもかかわらず、自分たちは成長期の戦略のままだったことが見えてきました。その代表が、こんないい機能があります、ということばかり言っていたことです。お客様は、もうそんなものいい、もっとデザインのいいのをつくってくれと言っているのにそこには耳を貸さなかったのです。

マーケティングを含めて変革をやろうとするとき、その方法は二つあると思います。一つは、本社の経営企画などには非常に優秀なスタッフがそろっていますから、その中から二〇人ぐらいのプロジェクトをつくって、何をやったらいいのかをサーベイして、現場にやってくださいとお願いする。これが一つの方法です。二つ目は、現場からも人に来てもらい、一緒に議論をして、ではこれとこれを変えようと言ってやる方法です。このどちらをとるかです。

一つ目の、二〇人ぐらいのプロジェクトでやるのは、非常に早く物事が決まります。三カ月から四カ月あればプランはできます。でも、本社にいる優秀なスタッフがすべて現場のことがわかっていると思ったら大きな間違いで、本社の連中は残念ながら理屈の世界です。理屈の世界で、こうしたらいいと思って現場にお願いをする、というとよく聞こえますが、現場に命令するわけです。でも、現場の人からは「あんたそんなことを言うが、できるわけがない。ここに来て自分でやってみろ」ということになって、なかなかうまく進まない。一見早くできるように思えますが、結局改革は進まないというパターンになりがちです。

二つ目のほうは、現場から来てもらう分、時間はかかりますが、そのかわりに現場の泥臭い部分もみんな入ってくるわけです。しかし、たくさんの人に来てもらって話をしますから、それをまとめるのは大変です。私どもとしては、この後者のほうを選びました。そして、現場の人（本社の連中も含めて）から、改善点を全部挙げてもらったのです。

すると、それは三〇〇〇項目にも上りました。そのうちの大きな一つとして、例えばデザインのいい携帯電話が欲しいというのがあるわけです。そういうものをできるだけ挙げてもらって、その三〇〇〇項目をぎゅっとまとめると、大体三〇〇項目ぐらいに整理できました。その三〇〇項目に対して二五のプロジェクトをつくり、そこからスタートしたのです。現場から来た人はまた現場に帰ってもらいますから、この人たちは現場で旗を振ってくれます。これは変革の定着に結びつきました。

それともう一つ、経営にとって大事なのは、一度物事を決めたら、ずっと同じことを言い続けないといけないということです。でも、トップ層の人にとって同じことを言い続けるのは意外に苦痛です。なぜなら、あの人は同じことばかり言っていると思われるからです。しかし、それを愚直に続けないと現場の人はすぐに動揺します。だからリーダーは、つらくても同じことをずっと言い続けなければならないのです。

私がドコモショップを回っていて一番うれしいのは、朝礼で「皆さん、今一番重要なのは何ですか」と聞くと、八割から九割の人が「お客様満足度のさらなる向上だと思います」と言ってくれることです。単純なことだと思われるでしょうが、このように皆が同じ方向に向くというのが必要なのです。我々はワンドコモと言っていて、写真を撮るときにも人差し指を立てます。これは「お客様満足度ナンバーワン」だと威張っているわけではなく、ワン（＝1）ドコモの1なのです。このように、どうやって皆が同じ方向に向かってやるかなのですが、それには現場にも必ず参加してもらい、時間はかかっても着実に定着を図ることだと思います。

石井　前者と後者でそれぞれにメリット、デメリットがあると思いますが、この両方が重ならないとうまくいきません。現場発想だけでやっていたら方向性を失ってしまいますし、計画主導だけで動いたのでは現場は戸惑ってしまう。現場主導と計画主導とが、うまくかみ合うチームをつくられたということでしょうか。

山田　やはり現場から上がってくるものは、はじめから法則があるわけではありません。みんなおのおの事象を言ってくるわけです。面白かったのは、「四八時間以内の訪問対応」が出てきたときです。議論の段階では、社内で侃々諤々《かんかんがくがく》の議論になりましたが、そのポイントは二つありました。

四八時間で行きますといっても、我々が応えられる稼働時間以上にお客様から申し出があったら対応できず、結局お客様から「何だ、できないじゃないか」と言われるのではないかということが一つ。二つ目は、お客様から悪いと言われるところに社員が行くのですから、行ったら怒鳴られるのではないか。そうすると、行く人のやる気がなくなってしまうのではないかというものです。これは議論の段階では「とにかく一度やってみよう。やってみなければわからない」ということになりました。これは現場の人がいたから出たことだと思います。やってみてうまくいかなければ、そこでまた何か考えようということでやってみたわけです。

まず、意外にも我々の稼働時間の中に収まりました。しかも、お客様のところに行ってみると、お客様から非常に喜んでもらえる。行く前にはしかられるだろうなと思っていたのに、「よく来てくれた。ありがとう」と感謝されるわけですから、この人たちのモチベーションは非常に上がりました。これなどは、本社主導と現場主導がうまくかみ合った例といえるかもしれませんね。

新たな市場創出を目指す八分野

石井　スマートフォンを中核とした中期ビジョンがありますね。

山田　はい、二〇一一年一一月に、二つの柱からなる「中期ビジョン二〇一五」を策定しました。その一つが、「スマートフォンを中心とした多彩なデバイスにおいて、オープンな環境のもと自由で広がりのあるサービス・コンテンツや快適な操作性の進化に取り組み、お客様のさらなる楽しさや便利さを追求する」。もう一つは、「モバイルを核とする総合サービス企業、インテグレーテッド・サービス・カンパニーを目指し、アライアンス企業との協業により、様々な産業・サービスとモバイルとの融合を通じたイノベーションに取り組み、新たな価値を創造し、新しい市場を創出する」。この二つでやっていくのですが、そのツールとして、「ドコモのクラウド」というものをつくっていきたいと思っています。

おかげさまで日本のスマートフォンは、お客様に非常にたくさん買っていただくようになりました。しかし、そうなるとネットワークへの負荷は非常に大きくなってきます。それをさばくためにネットワーク容量の拡大をやらないといけませんが、ＬＴＥという高速な方式の導入を、ドコモは数年前から始めています。ＬＴＥはドコモとスウェーデンのエリクソンが二〇〇四年に提唱した方式で、これが全世界の標準になっています。ドコモはこのＬＴＥにＸｉ（クロッシィ）という名前をつけました。これでスマートフォンを二〇一五年には四〇〇〇万台にし、そのうちの三〇〇〇万契約をＸｉにしたいと思っています。

このスマートフォンをはじめとするモバイルといろいろなサービスを融合させることによって、新たな市場をつくっていきたいとドコモは考えています。既存の市場に入るのではなく、モバイルと何かを組み合わせて、新たな市場を創出したいのです。

二一世紀は融合、コンバージェンスの世紀だといわれています。例えば各種機器とＩＣＴの融合、メディア・コンテンツとＩＣＴの融合、エネルギーとＩＣＴの融合、通信と放送の融合、健康管理や医療のメディカル・ヘルスケアとＩＣＴの融合、エコロジーとＩＣＴの融合等々、いろいろなところに新たな融合が起こってきています。ドコモはモバイルを核とはしますが、いろいろなところとの融合サービスを提供していきたいと思っています。

「中期ビジョン二〇一五」では、八分野について進めることを目指しています。メディア・コンテンツ事業もその一つですが、これは様々なメディア・コンテンツとモバイルの融合です。代表例が通信と放送の連携です。二〇一二年四月一日からＮＯＴＴＶという放送が始まりました。それは、あたかも放送のようですが、必ず後ろには通信がついていて、例えばサッカーを見ながらＳＮＳで人とコミュニケーションがとれるようになっています。

金融・決済は、いわゆるおサイフケータイです。他にも、例えばワンタイム保険などがあります。コマース事業はネットショッピングサービスです。これはオークローンマーケティングというのをやらせていただいていますが、これまではオークローンマーケティングのネットショッピングは電話だけでした。それをモバイルでもやれるようにさせていただきました。すると売り上げが一気に三〇％伸びました。

Ｍ２Ｍはマシン・ツー・マシンです。これは全世界のいろいろなものにモジュールが入ってきて、通信機能が出てきているということです。例えば、日産リーフにモジュールが乗っています。電気自動車やカーナビ、ソニーのプレイステーションＶＩＴＡにもモジュールが入っています。

環境・エコロジー事業で面白いのがサイクルシェアリングです。これは貸し自転車なのですが、東京二三区で貸し自転車をやろうとすると、まず管理人が必要になります。また、自転車の回収率も問題になります。返さない人も多いのです。そうなると、どこに空き自転車があるのかがわかりません。このサイクルシェアリングはモバイルのおサイフケータイとドッキングして、お客様は貸し自転車のかぎをモバイルのおサイフケータイで外せます。つまり、おサイフケータイで認証するわけです。おサイフケータイは金融ですから、個人認証がしっかりできています。だから借りた自転車をどこかに捨てると、すぐにわかります。

また、どこに空き自転車があるのかが検索できるようになっています。どこかの駅で降りて、空き自転車があるかと検索すると、あなたの南側の五〇メートルのところにコンビニがあって、その駐車場に空き自転車が三台ありますというようにわかるのです。ということで、これは非常に使い勝手がいいと思います。ビジネス規模としてはそれほど大きくはありませんが、環境ビジネスとしてこれを進めていきたいと思っています。これは、モバイルと融合をすると新たな事業が生まれる、きわめてわかりやすい例ではないかと思います。

もう一つ重要なのがクラウドです。ネットワーククラウドというのは「ネットワークでの高度な情報処理・通信処理により、付加価値を提供する基盤」ということです。当然これはキャリア――通信事業者としてはもっとも重要なところだと我々は思っています。ところが今、コンピュータ事業をやってきた企業と、通信をやっているキャリアとの間に争いがありました。それは、コンピュータをやっている企業は、すべての機能、すべてのファンクションは端末でやると言います。だから通信回線は余計なことをするなというわけです。余計なことをしないで、通信回線は安くて速くて大量にというところに専念しろというわけです。つまり通信は〝土管〟でいいと、というのがコンピュータ会社の主張なのです。

一方キャリアは、コンピュータ会社がやりたいことをやっていくと端末が重くなるので、通信の中に情報処理をする機能をつけて端末とやりとりして、新たな情報を端末に送付するのが一番いいと考えます。これが賢いネットワークの使い方です。ネットワークに付加価値をつけようということで、この場合は〝土管〟ではだめなのです。

スマートフォンは、iPhoneに代表されるようにパソコンであり、その意味ではコンピュータ会社の領域です。だからアップルは、垂直統合モデルにしてキャリアは何もするな、全部アップルでやると言います。現在、世界ではアップルの端末をたくさん入れていますから、その回線は〝土管〟になります。すべて〝土管〟になると、付加価値が提供できないので回線がどれだけ安いかという競争に突っ込んでしまいます。だから、ドコモもネットワーククラウドをやっているのです。

端末とネットワークの中にある情報処理機能とやりとりをすると、端末は重くなりません。そして、そのサービスを使う人だけがそのネットワーククラウドに行けばいいのです。そうすると、これを何百万人かでシェアできます。そうすると、いわゆる高度なサービスがリーズナブルな料金でできるのです。そして、端末はフリーです。

アップルがやっているのは、アップルの端末だったらできますというものです。それはいわゆるソフトバンクのネットワークでもいいし、auのネットワークでもいいし、AT&Tのネットワークでもいいのですが、確実にその回線は土管化します。全世界のキャリアは、現在どうやって土管化を逃れるかで頑張っています。だから、ドコモがＧＳＭＡ（ＧＳＭアソシエーション）の国際会議でネットワーククラウドを発表すると大変注目されます。

我々のネットワーククラウドの一つの例として、翻訳電話を二〇一一年一一月からやらせてもらっています。翻訳電話は、今は英語と中国語と韓国語の三つが使えます。まだ一〇〇％のサービスではなく、一〇〇〇人ぐらいのモニターに使ってもらっています。これからそのモニターを四〇〇〇～五〇〇〇人に増やして、スペイン語やフランス語にも拡大してやっていきます。これは、ドコモのネットワークなら、スマートフォンでも固定系でも使えるサービスです。

この他にも、携帯に語りかけるといろんなことを処理してもう一度戻ってくる「しゃべってコンシェル」や、災害用伝言板もドコモのネットワーククラウドです。

石井　お話の中で、土管屋にはなりたくないんだというお話がだいぶ出てきました。我々流通も同じで、流通はパイプになってはいけない、と流通分野に就職していく学生には言っています。流通も価値が工場で生まれて、その価値を消費者が手元で実現すると思われています。そうすると、間を通っている流通というのはあってもなくてもいいということになったり、短ければ短いほどいいとなります。だから、経済が少しおかしくなってくると、流通が長過ぎるとか、複雑過ぎるという話が飛び出してきます。多くの経済学者はきっとそう考えているように思います。

でも、例えば最近小売は全般にあまり調子がよくないと思われていますが、コンビニは絶好調です。また、食品スーパーや衣料品の専門スーパーも絶好調です。私がおもしろいと思うのは、同じような商品、中身はまったく同じで内容は変わらない商品も、売り方によって全然売れ行きが違ってくるということです。同じ商品が違った値段や陳列で売られるだけで、違った意味や違った価値を持ってきます。そこが流通の価値であり、今日のお話を聞いていて非常に共感いたしました。

また、顧客や競合を分析しているだけでは、可能性を秘めた新たな事業分野を見極めるのは難しいのかもしれません。洞察力や構想力、そして熱意が活路を開くのではないでしょうか。

山田　ドコモも、この八分野に絞るまでには多くの分析をしてきました。でも最後は決断です。というのは、いくら分析をしてもわからないところがたくさんあるからです。それでもやるか、やらないかを決断するのは、ある種の直感かもしれません。ですから、決断をしてスタートはするのですが、常にPDCAを回しながら、いかにうまく軌道修正できるかが重要です。

ドコモでは情報共有をもっとも重視していて、常務以上の一〇人が一週間に何回か、フリーディスカッションする場があります。これは朝やるので朝会（あさかい）といっています。ここに、重要案件がまったく〝根回し〟なしで上がってきます。そして、賛成も反対もどんどん言えるのです。営業案件について技術部門の人が言えるし、技術案件に対しても営業の人が言えるのです。

この情報共有がいいのは、全員で侃々諤々の議論ができることです。場合によっては、もうやめるということになることもあります。また、みんなでやろうと決めたことでも、うまくいくのはせいぜい半分です。うまくいかなかったときにこそ、情報共有をして議論をした価値が出てきます。あの案件がうまくいっていないというときに、技術系、営業系の枠を超えていろいろな提案が寄せられるからです。

重要なのは、目標を決めておくことです。具体的な目標もなく、頑張ってやりましょうではだめです。中期ビジョンも、二〇一五年にはこれぐらいの売上規模にしたいという数値目標をつくって、それでＰＤＣＡにかけるようにしています。その目標は、全員が「よし、それなら頑張ってやろう」とやや背伸びをしてやっと届くぐらいの高さがいいのです。

石井　本日は本音の部分が伺えて、大変有益でした。ありがとうございました。

価値創造への自己変革

三井不動産株式会社代表取締役社長　菰田　正信
一橋大学イノベーション研究センター教授　米倉誠一郎

イノベーションを続けるＤＮＡ

米倉　皆さんご存じのように、日本の企業は一九九〇年代以降も、リーマンショックなどで大きく下げた時期以外にはそれなりの利益率を挙げてきました。ところが、その一方で付加価値は一貫して落としています。これは、コストカットや経営合理化で利益は出しているけれども、それによって企業の力を下げてきたことが長期低落を続けてきた原因であり、現在のように世界から侮られるということにつながっているといえます。「イノベーションは重要だ」などというお題目ではなく、新しい結合によって今までにない付加価値を生み出すイノベーションなくして日本の企業に未来はありません。その意味で、今回提示された三井不動産の「イノベーション２０１７」は、まさに時宜にかなったものだと思います。本日は、初めに菰田社長からその全体像を伺いたいと思います。

菰田　当社の強みは、七〇年間にわたってイノベーションを続けてきたＤＮＡであると自負しております。その七〇年の歴史を振り返ってみますと、まず三井不動産が大きく成長するスタートとなったのは、臨海部の埋め立て事業でした。これは、日本が高度成長時代を迎えようとした時期に、製造拠点と荷を積み出す港湾はできるだけ近くにあるべきだという発想から生まれたもので、当社も臨海部に巨大な工業地帯を造成する埋め立て事業に参画したのです。貸しビルのオーナー業というところからスタートした三井不動産は、この事業に参画することによって、自社のビジネスモデルに大きな革新をもたらしました。

次の画期となったのは霞が関ビルです。これは地震国の日本で超高層建築、しかも当時の国鉄――JRの駅が最寄りにない霞が関、虎ノ門という地域に巨大なオフィスビルを建てるという当時としてはきわめて非常識なことに取り組んだ事業でした。政治・経済の成熟化に伴って国の中枢機能の都心部への集中が始まっていましたが、戦後を引きずったままの開発では都心部の環境悪化が懸念されました。ゆとりある空間と緑地をある程度維持しながら開発を進めようとすれば、もう上へ行くしかないわけであり、それはまさに時代の要請であったといえます。

まず地震国における超高層建築がハードルとして立ちはだかりましたが、これは「柔構造」というまったく新しい発想による耐震技術によって乗り越えることが可能となりました。柔構造とは、建物が柳のようにしなることによって揺れを吸収する構造理論であり、後に続く日本の超高層建築に道を拓くことになります。それだけでなくH形鋼という非常に粘りのある鉄鋼の開発、またカーテンウオール工法の導入、高速エレベーターのような付随する技術の進展によって、まさに建築におけるイノベーションがこのとき起こったのです。

経済の急成長とともに、首都圏への人口流入が加速すると、住宅地の開発や分譲事業、また分譲した住宅を中古で流通させるセカンダリーマーケットの整備にも参入しました。そして、第二次製造業がピークに達してきたところで、製造業構造の転換に伴って工業用地を転換し、大川端のリバーシティなどウォーターフロントの再開発などに取り組みました。

記憶に新しいところでは、九〇年代初頭のバブル崩壊により一貫して右肩上がりできた地価が戦後初めて下がるという、日本経済にとっては非常に厳しい経験をいたしました。以降一〇年以上にわたって資産デフレが続き、地価は下がり続けました。何とかこれに底を打たせて反転させるために、新しいビジネスモデルとして編み出したのが不動産の証券化です。それまで不動産はロットが大きいことから流動性に乏しく、資金が金融資本市場から不動産市場には入ってきていませんでした。日本におけるREIT市場の開設は、証券化によって不動産の流動性を高め、強力な買い手を創造することによって資産デフレに歯止めを掛け、日本経済の復活に大きく貢献することができました。また併せて、その資金を血液とし、魅力ある都市の再開発として日本橋界隈や東京ミッドタウンなど、いわゆる都市の再生事業に取り組んでまいりました。

このように日本経済、社会の発展に対応して様々に自分たちのビジネスをイノベーションしてきたのが我が社の歴史であり、そのDNAを強みとしてこれからもイノベーションを続けていきたいと考えています。

今こそ強みを生かす経営を

米倉　イノベーションの本質は、まったくの無から有を生み出すというよりも、すでにあるものを組み合わせて強くしていくということです。ですから、既存のものの見直しが重要な作業になります。日本社会も企業もまた個人もそうですが、少し負けが込んでくると自分の弱い部分ばかりを嘆くものです。そして、自分にはこれもないあれもないと無い物ねだりを始めます。でも、本当に厳しいときに見直すべきものは自らの強みです。自分たちの何が強みなのかを見直し、武器として使えるものを軸に戦略を立て直すべきです。

菰田　同感です。我々がもうひとつ強みと認識しているのが、顧客基盤です。我々はオフィスビルの賃貸事業を長年にわたって続けてきましたが、現在私どもがお世話させていただいているオフィスビルのテナントさんは約三〇〇〇社に上ります。また、商業施設のテナントさんは約二〇〇〇社。そして我々が供給した住宅に現在住んでいるお客さまが約四五万世帯です。

当社では、毎年約七〇〇〇戸の家を売っているので、その一〇倍に当たる七万人新しいお客さまと出会っていることになります。中古住宅は年約三万件です。商業施設では、船橋のららぽーとで大体二三〇〇万人、ラゾーナ川崎で三五〇〇万人のお客さまが年間レジを通ります。また、リージョナル型というショッピングセンターが一二施設あり、ここでは年間およそ一億三〇〇〇万人が訪れます。アウトレットも一二施設ありますから、両方で二億数千万人のお客さまがいらっしゃいます。こういったお客さまが我々に対してどういう商品やサービスを求めているのかというかが現場感覚でわかることが、我々の一つの大きな強みだと思っています。

こうした我々の強みをどう生かすかということですが、現状は二つの大きなトレンドがあります。一つは日本の国内マーケットの成熟化。もう一つがマーケットのグローバル化です。

成熟化については、マスコミ等では、少子高齢社会とか人口減少など悲観的な論調が多く展開されています。不動産業でもマーケットの総量が拡大していくことは望めない状況ではありますが、マーケット全体の質の変化が起こっています。例えば、住宅を求めるお客さまも、高度成長時代のマーケットの主力であった子どもが二人の四人家族というようなお客さまは減ってきていますが、若年層でも高齢者層でも単身のお客さまは増えてきています。中身をよく見て、セグメンテーションを細かくしていくと、拡大しているマーケットはあるということです。これは、例えば我々が今まさにやろうとしているスマートシティなどに伴う新しいマーケットが生まれつつあるということです。こういうものに着目して、それを我々はビジネスの機会として捉えていきたいということです。

グローバル化でも新しい動きがあります。これまで不動産業というのはドメスティックな産業であり、グローバル化には向かないのではないかと思われてきました。しかし、例えば中国は不動産業でも巨大な成長マーケットと捉えることができます。というのも、中国の特殊性として、自国がつくったものをあまり信用していないということがあります。不動産でも、日本のディベロッパーがつくった住宅を好んで買う傾向があります。ショッピングセンターでも日本のディベロッパーが開発したショッピングセンターが高い評価を受けており、ドメスティックな産業ではありますが、海外に我々の商品やサービスを求めるお客さまが確実に広がってきているということはトレンドとしてあります。これも大きなビジネス機会と考えています。

米倉　なるほど。では、二〇一七年に向けた具体策はいかがでしょう。

菰田　今申し上げた二つのトレンドを踏まえて、我々が顧客志向を徹底していこうとすると、これまでやってきた不動産領域のハードの価値だけでは、お客さまのニーズが満たされない時代になってきています。ソフトのサービスや付加価値をどうつけていくかがきわめて重要になっています。また、そのためには、不動産業だけではなかなか及ばない部分もありますから、異業種の知恵を借りる必要があります。そういう意味では、異業種とどう連携をとって価値を融合させていくのか、というテーマが浮上してきます。日本社会の成熟化に伴ってお客さまのニーズを満たそうとすると、コミュニティをつくるというところまで踏み込まないと我々のビジネスは完成しません。つまり、空間をつくるところからコミュニティをつくる段階にまで、我々のビジネスモデルを革新していかなければならないということです。

我々は一兆数千億円という売り上げを持つ企業グループですが、必ずしもグループ経営のスケールメリットを生かし切れていないように考えています。これをもう少し生かしていきたいということと同時に、複数の会社でやっているお客さまとのインターフェースをワンストップ化することです。そうでなければ、お客さまに最適なソリューションを提供できません。顧客志向の経営、ビジネスモデルの革新、そしてグループ経営の進化、この三つの重点戦略を実行していくことが「イノベーション2017」の骨子にほかなりません。

そのうえでいくつかの具体例を紹介します。まずは日本橋の街づくりです。そのコンセプトは「残す、蘇らせる、創る」。つまり、残しながら、蘇らせながら、創っていくということが、日本橋の街づくりのコンセプトです。例えば日本橋という、架けられて一〇〇年の橋がありますが、この橋を残す。また、三〇〇年も四〇〇年も続いている老舗が日本橋にはありますが、そういったものを残す。そして我々の建物の中に三井美術館がありますが、古くから日本に伝えられた美術品を皆様に触れていただくことによって、そういった歴史を感じていただく。

「蘇らせる」というのも、我々がやろうとしていることですが、高速道路が川と橋の上にかかって、水と緑がかなりくたびれています。これを何とかもう一度蘇らせたいと考えています。また、平安時代からあった福徳神社が近代化に伴ってオフィスビルの屋上に押しやられていましたが、我々が街を開発する中で高い建物をどこかに建て、その分、平地を一〇〇〇坪程度用意し、そこにもう一度神社を再興しようと考えています。

そして「創る」。これはまさに古いものと新しいものが交わって、新しい価値を生み出していくためには、最新鋭のビルやラグジュアリーホテル、あるいはシネマコンプレックスといったものもつくっていく必要があります。

もう一つの具体例は柏の葉キャンパスシティです。つくばエクスプレスに柏の葉キャンパスという駅があります。つくばと秋葉原の真ん中ぐらいにある駅ですが、こちらには東京大学、千葉大学、国立がん研究センターといった、最先端的な研究や教育の施設があります。こうしたものを生かして新しい街づくりを目指しています。環境共生都市というのは、現在よくいわれている狭義のスマートシティで、エネルギーを賢く使う街です。また、健康長寿都市というのは、元気で長生きできるような暮らし方、住まい方、そして社会参画ができるような街を目指すものです。そして三つ目が新産業創造都市、東大や千葉大などつくばの研究施設と秋葉原のハイテク産業を融合させて新しい産業を創造しようというもので、例えばアントレプレナーを支援するような財団を創設したり、大学と連携をした新しい取り組みをしています。こうした街づくりをする中で一つのコミュニティをつくり、新しいお客さまのニーズに対応していきたいというものです。

他にも室町東地区、飯田橋、大崎、五反田、日本橋に連担する日本橋髙島屋の街区、ダイバーシティ東京、木更津のアウトレット、武蔵小杉、新川崎、豊洲、月島といった場所に、新しい街づくりを展開しています。

米倉　厳しい競争を勝ち抜いている多くの企業は、単純にものを売るのではなく、複合的・総合的にソリューションやサービスを提供するビジネスモデルへとシフトしています。例えば建設機械を扱うコマツは、新興国の顧客に対して、建機から得られるデータに基づいてより効率的な運用をアドバイスしています。このように単純な価格比較では評価できない、ソフト面の付加価値で競合に差をつけている例は多くあります。

菰田　当社の場合、グループの総合力を生かすことがそれに当たるかと思います。二〇一二年春から、「三井のすまいモール」と「三井のすまいLOOP」が始まりました。

「三井のすまいモール」の狙いは次のようなものです。以前は、新築のマンションを買おうとする人が一〇人いれば、悪くても八人から九人、場合によっては一〇人全部が新築マンションを買っていました。ところがここ二、三年、最終的に新築マンションを買う人は五人程度しかいません。残りの人は、中古のマンションを買ってリフォームしたり、あるいは親の敷地の中に土地を借りて注文住宅を建てたり、今自分が住んでいるマンションや家をリフォームしてそのまま住む、という選択をしているのです。

これに対して我々三井不動産グループがどういう体制で臨んできたかというと、新築住宅も中古住宅も賃貸住宅もリフォームも、注文住宅もすべて別会社でやっていました。これは、同じマーケットの中に非常に大きな量的拡大があったので、同じ筋肉で拡大再生産することが一番効率がよかったからです。ところがお客さまの動きが、マンションならマンション決め打ちということではなくなり、中古も、賃貸も、リフォームも選択肢としてありということになってきているので、そういうお客さまにワンストップでサービスを提供するには、別会社でやっていたものを連携させ、そしてグループ全体としてお客さまに最適解を提案しなければなりません。別会社の各店舗を同じ場所に並べて、どこに行ったらいいかわからない人には総合デスクを設けて、お客さまに対応することを始めました。これが「三井のすまいモール」です。現在目黒に一号店がありますが、三カ月で一〇〇〇組ほどのご来店があり、そのうちの三〇〇組はこの総合デスクを利用されました。

我々は「すまいとくらしのベストパートナー」を標榜していますので、暮らしの部分で何かお客さまにサービスを提供できないかということで、「三井のすまいＬＯＯＰ」は登場しました。例えばワンコインサービス、つまり五〇〇円で住まいの小修繕や家具の移動、換気扇の掃除などをやりましょうというものです。また、例えば高齢で単身でお住まいの方には家事の代行をしましょう、あるいはインテリアや家電商品についてビックカメラと提携をして割引で販売しましょう、またホテル、レストランあるいは美容院の予約をして優待しましょう、等々のサービス業務です。これはどこでもできるのではないのかといわれるかもしれませんが、我々には約四〇万戸の住宅に住んでいるお客さまがいらっしゃいますので、いろいろなビジネスパートナーがほとんど広告費を使わないで商売ができるので、いろいろなサービスを提供してくれているという強みがあります。今後は、サービスを拡充すると共に、会員数を増やしていきたいと考えています。

不動産証券分野の拡張

米倉　Jリートやプライベートファンドなど、不動産と金融が融合した分野ではどうでしょう。

菰田　我々には不動産業、ディベロップメントをするに当たり、投資家の資金を活用してビジネスを展開するビジネスモデルがあります。これは、まず土地を持っている個人や民間企業（オリジネーター）の土地をビルや商業施設や住宅など、収益を生む資産に加工します。これによって投資家が投資をする適格商品になります。そういう投資適格商品に加工した上で投資家に投資をしてもらいます。そのルートがいわゆる上場しているリートやプライベートファンドで、これを投資家に売ります。そこで我々は分譲利益を得るわけですが、さらに投資家に売った資産をもう一度投資家さんからお預かりして、アセットマネジメントというサービスを提供し、それによってまたフィーをいただくという形になります。これが我々の投資家共生モデルのビジネスモデルです。

これがリーマンショックの後、取扱高が少し落ちているので、もう一度復活させようとしています。そのポイントの一つとして、投資家が投資するためには投資する選択肢が多いほうがいいということで、今回新しく商品を開発しました。常設ではなく年に何回か売りたいときに窓口を開く非上場リートがそれです。これは、野村不動産や三菱地所なども手がけていて、一部の投資家からは非常に評価をいただいています。ミドルリスク、ミドルリターンの多少流動性のある商品が欲しかったという方には非常にミートしたということです。

それからもう一つは、これまでビルや商業施設、住宅が、我々の主な加工できる商品ジャンルでしたが、今回は倉庫などの物流施設を加えました。物流倉庫は、今まさにｅコマースが発展して、倉庫のありようが昔と大きく変わってきています。昔は保管するのがメーンの役割でしたが、今は保管している商品からお客さまの注文に合わせて商品をピックアップし、こん包して配送する、というように機能が変わってきています。ところが、こういう機能を満たす倉庫はまだマーケットにそれほどありません。ですから、今後まだまだ事業チャンスがあるということです。

不動産業の本格的なグローバル展開

米倉　先ほど、グローバル化に可能性があるというお話でしたが、中国以外ではどうでしょう

菰田　グローバル化には大きく分けて二つあります。当社でも三〇年以上にわたって欧米先進国で事業を営んできました。例えば、ニューヨークのロックフェラーセンターの中にあるビルは買ってから二五年ほどになりますが、かなりのパフォーマンスを挙げており、こうしたものをはじめとしてニューヨーク、ワシントン、サンフランシスコ、ロンドンなどに保有賃貸のポートフォリオを持っています。しかし、これはまだ三井不動産グループの利益の七、八％にとどまっているので、もっと拡大できると考えています。実際に、東京とニューヨーク、ロンドンでは、大きな流れとしては同じよう

なトレンドではありますが、ディテールでは違う動きをしています。例えばリーマンショックの後、確かにどこの都市も悪くなっていますが、ニューヨークやロンドンは東京に比べて早い回復をしているので、ポートフォリオを分散するという意味でももっと海外のウエートを増やす必要があります。

また、開発型の案件を増やそうと考えています。我々が賃貸ポートフォリオを拡大するにあたっては、一つは稼働しているビルを買う方法、もう一つは土地を買って開発する方法、と大きく分けて二つあります。稼働しているものを買うのならば、我々ディベロッパーでなくても資金を持っているところがどこでもできます。例えば年金機構や生命保険会社などがそれです。するとどうしても競争相手が増えますし、参入障壁が低いので買った物件の利回りが大きくは期待できません。一方、開発物件は我々ディベロッパーにはノウハウがあるので、そこに我々の強みが発揮できます。ということで、開発型の物件を増やしていきたいと思っています。

もう一つの軸として、新興国など今後発展して都市化が進み、人口が増えていく国々でビジネスを展開しようとしています。これは、我々三井不動産グループは日本経済の発展に伴って宅地開発や郊外型のショッピングセンターなどをやってきたわけですが、新興国についてはこれから日本がたどってきた発展段階をたどっていくと思われるので、我々が今まで日本でやってきたいろいろな事業のノウハウや経験がそのまま生かせると考えられます。住宅分譲事業や商業施設賃貸事業を拡大していくことを想定しています。

グローバル化でもう一つ意識しなければならないのは、国境をまたぐニーズがあるということです。これは大きく分けてインバウンドとアウトバウンドということですが、まずインバウンドでは、例えば汐留シティセンターというビルを持っていますが、実は我々は八％しか持っておりません。九〇％以上はシンガポールの投資公社が投資をしています。外資の投資家が日本の不動産に投資することはこれまでにもありましたし、最近欧州経済危機のようなことが起こって日本の不動産が見直されており、この動きが加速しています。

また、ららぽーとＴＯＫＹＯ―ＢＡＹも先ほど年間二三〇〇万人ぐらいお客さまが来ますといいましたが、中国人のお客さまも多数来場されます。ですから直近の状況からは多少短期的には打撃を受けるのかもしれませんが、やはりインバウンド観光客の買い物というのは無視できない状況があります。

一方アウトバウンドでは、例えばユニクロさんが、今アジアで急速に店舗を増やそうとしております。こちらでも、当社に物件の紹介について依頼をいただいておりまして、現在店舗の拡大に両社で取り組んでいるところです。また、日本のアパレルメーカーさんが、例えば中国の寧波のアウトレットでは、多数日系のテナントとして出ていますし、製造業の事業法人さんが海外に展開される場合には、工業用地や駐在員の社宅、あるいはオフィスといったものを探されるということについて、我々のソリューションを提供し、ビジネス機会にしていきたいと考えています。

米倉　海外での事業展開には、グローバル人材が不可欠です。どのような方法で人材を確保しているのでしょうか。

菰田　不動産業は基本的にはドメスティックな産業であり、外国での物件の購入や許認可の取得、テナントの確保などについて、日本人では対応しきれないことが多くあります。その対処法としては、現地の優良なパートナーと組むことです。二〇一一年には開発を担うパートナー企業から情報を得て、ロンドンとワシントンで物件を購入しています。

その一方で、三井不動産の社員をグローバル化する必要もあります。海外研修や駐在を通じて、語学力はもちろん、異文化を吸収してこのような価値観を肌で感じることにより、コミュニケーション能力の向上に努めています。

イノベーションを担う人材

米倉　冒頭述べられた、御社のイノベーションのDNAは、次世代にどのように受け継がれるのでしょうか。

菰田　経営者としては、イノベーションの方向性を示して、その機会を与えることだと思います。そして、イノベーションをする習慣を身につけることが必要でしょう。今回の経営計画にイノベーションと名付けたのは、我々のDNAをそこに見いだしたからです。それをもう一度呼び起こして、これからもイノベーションを続けていこうという社内キャンペーンでもあるわけです。

人材に対して期待しているのは、一言で言うと環境に合わせて自分たちのやっていたビジネスを革新できる力です。今までの成功体験でやって、明日成功できるという時代ではありません。自分がやってきた成功モデルを否定しても、環境に合わせて自分の体そのものを変えていけるような、感度のよさが求められています。お客さまや社会の変化に対する感度ですね。

また、新しいビジネスモデルによって新しい価値をつくり出そうとするときに、自分に何が必要なのかを知り、それを獲得できる力です。例えば、今我々はスマートシティというものをやっていますが、これは不動産業の知恵だけではできません。電気メーカーやソフトウエア会社、通信を含めたインフラの会社、さらにはメディカルケア、場合によっては農業等々に幅広く興味を持ち、自分のやりたいビジネスに必要な人を説得して連れてこられるような人材に育ってほしいのです。

米倉　おっしゃるように、今後展開されるビジネスは組織の壁を超えた相互連携が求められるものばかりです。過去の成功体験を捨て、常にお客さまのためを第一に考えられる人材を育成できるかが、事業の正否を分けるポイントになるでしょう。

人材育成と価値創造

株式会社ニチレイ代表取締役社長　村井　利彰
東京大学名誉教授　宮田　秀明

CS（顧客満足度）とES（従業員満足度）の連携

宮田　ニチレイグループは企業の社会的責任（CSR）の基本方針として六つの責任を掲げています。そのうち「新たな顧客価値の創造」と「働きがいの向上」が、第一と第二に挙げられている理由を教えてください。

村井　なんといっても企業ですから、お客様がいなければ事業は成り立ちません。前会長の浦野光人も、「売り上げはお客様が決める」とよく言っていました。こうした考え方から、まず顧客価値の創造が冒頭に来ます。「働きがいの向上」を私流の言葉で言えば、お客様との接点はすべて現場の第一線にあるのですから、自分の職場や上司に不満のある第一線の社員がお客様を満足させられるはずがないということです。したがって、働きがいのある職場づくりが、そのまま顧客価値の創造になると思っています。

宮田　ＥＳとＣＳの連動はそこに真意があるのですね。

村井　持ち株会社と基幹五社でそれぞれの取り組み方は少し違いますが、ＥＳ調査というものを行っています。これは、前年対比での満足度の向上も大事ですが、職場にどういう課題や不満があるかも吸い上げようとするものです。この調査の形式も、毎年のように変えています。

始めた当初は外部コンサルタントの手法に基づいてやりましたが、それだけでは、満足している、していない、あるいは経営方針を理解している、していない、というレベルに終始してしまいます。そこで、職場の中に存在する問題について自由記述形式で書いてもらっています。それによって、それぞれの職場ごとの満足度にも偏りがあることが見えてきました。基本的には職場のリーダー次第でまったく違う実態がわかってきたので、その辺りをどうするかに取り組んでいます。

問題のある主力事業所が担当しているＣＳの部分についても調査をしています。基本的には外部の方がヒアリングして、満足している点、どこが悪いという相当なレポートをいただいているのですが、やはり職場に問題のある事業所のお客様で満足度が低いということがわかります。

宮田　中間管理職のＥＳ案件でアンケートを取ると、いろいろ微妙な問題が出てくると思いますが、組織としてそれをどのような方向に持っていくのですか。

村井　あまり細かいことは言えませんが、基幹五社の中でも本音を書いた従業員が転勤させられたということもあったと聞いています。したがって、そういうことも起こりうるという前提でものごとを進めていかなければならないと思います。

その後、管理職向けにコーチング研修を、五〇〇人ほどを対象に受けてもらいました。それを通しての気づきを得てほしいという思いからです。また調査自体も最近は組合の役員などにも一緒にやってもらい、言いにくいなどの雰囲気や管理職の介入の解消に努めていますが、まだ一〇〇%解消されているとは言い切れません。

宮田　村井社長は、持続的成長の実現のためには、人材育成と設備投資は業績に関係なく続けなければならないと述べておられますね。

村井　はい。それを実感したのは、二〇〇五年四月に基幹五社の一つであるロジグループ本社の経営に携わったときです。ロジグループというのはニチレイグループの分社になる一年前にすでに地域分社化を進め、それぞれ地域別の会社になりました。現在この会社は地域別賃金制を採り入れて、ニチレイグループとはまったく違う給与体系になっています。したがって処遇はニチレイグループの中ではもっとも厳しい状態です。地域分社制で給料が下げられ、しかもニチレイ社員だったものがいつの間にかニチレイロジスティクス北海道の地域限定社員になってしまう。そんな事情から、社員のモチベーションは非常に下がっていました。

私もまったく門外漢でしたが、調べてみますと、冷蔵倉庫は実際には四〇年ほど使えますが、税務上の減価償却の耐用年数というのは二一年です。当社は全国に一三〇万トンぐらいの冷蔵倉庫を持っていますが、当時の設備年齢は二三年から二四年になっていました。つまり、もう償却が終わった資産で事業をやっていて、なおかつ収益も挙がっていない、という状態でした。

もともとニチレイの主力事業ではありましたが、年々収益が下がり、気づいたらこの冷蔵倉庫のビジネスは大企業と競合するのではなく、中小企業が大変多くなっていました。そこにコスト競争で負けていたわけです。この背景には、バブル経済崩壊後にニチレイグループも様々な負の遺産があり、ほとんど設備投資もしていませんでした。中でもロジグループの採用は相当に抑えたため、いまだに人材不足に悩んでいる状態です。このような会社の経営に携わったことによって、いくら成績不振であっても主力事業としてやっていくならば、人と設備は歯を食いしばってでも継続投資をしていかなければ、次の世代に大変な迷惑がかかるということを実感したのです。

宮田　それは御社に限ったことではなく、我が国の造船業界も同じです。研究開発をやらなければ人は集まらず、産業自体がダメになっていきます。私が取り組んだアメリカスカップというヨットレースは、二〇〇〇年に一度終わりました。その後二〇〇六年に比較的景気がよかったので資金が集まりそうな状況になったのですが、六年間のブランクで人が育っておらず、結局は断念せざるを得ませんでした。ニチレイさんの現状はいかがですか。

村井　ここ数年は、総合職をニチレイグループ全体で毎年五、六〇人は平均的に採っています。また、ロジグループの場合は地域会社になっていますので、それも含めると七、八〇人規模で採っていると思います。一時期は採用をシェアードサービスでまとめてやっていましたが、やはり事業会社の求める人材とは少し違うということで、今それぞれの会社ごとに採用をしています。必要に応じてニチレイのネームバリューをレバレッジとして使ってはいますが、分社でも最近は応募が数千人来るようなレベルになっているので、それぞれの会社で採用はしっかりできています。

ニチレイは内部統制をシステム的に入れたときに、持ち株グループ全体として人材委員会というものを立ち上げました。それと同時に教育訓練方針が決まり、教育訓練責任者を内部統制上も置いています。通常この職責には人事部長などが就きますが、ニチレイの教育訓練責任者は私であり、分社の各社の教育責任者も各社の社長が務めています。

人事部では平均的なものしかできません。ニチレイグループのように事業内容が大きく違う会社で平均的なものをやってもあまり意味がないので、教育や訓練は現場の管理者にとって必要なものから組み立てようと思っています。現場の管理者や各社の地域会社のトップ、あるいは各社の役員クラスになっていくような人の教育の中身は、それぞれの会社の社長がみずから考え、企画して行うべきだと考えています。

私自身もロジグループのトップを七年務めましたが、三年目から幹部研修として一期二〇人、七カ月間の研修を九期までやりました。一カ月に一回、二泊三日から三泊四日の研修を行います。その間も宿題が多く出ます。研修では人間力と経営スキル的なものを身につけさせたいということで、外部のコンサルタントと社内講師とで構成しました。一回終わるごとに必ず受講者や役員のアンケートをとり、次にまた改善をしていくことを繰り返しました。

そのときにはスキルの勉強と人間力の形成以外に、例えば四五歳の部長クラスに、五年後に君は取締役何とかになっていると仮定して、五年後にその組織をどう運営しているのか、というレポートを書かせています。それを研修の最終月にそれぞれ二、三〇分発表させて、役員が講評をします。そのこと自体は評価にはつなげていませんが、次のプロモーションのときにはかなり参考にしています。これを少しずつ、階層別に変えていっているところです。

宮田　社員が本当に育つのは、そのような研修で教わったことを自分の仕事の中でしっかりと実現して、最終的にはそのプロセスを通して成長していくということですね。

村井　今のロジグループの社長もその第一期生です。当時本人がロジグループの本社の社長になっているとは思わなかったでしょうが、今はもう一度自分が書いたレポートを見直してみたら参考になるかもしれませんね。

役割の自覚が重要

宮田　社員の成長なくして会社が成長することはあり得ません。でも、この社員には、社長も含まれると私は思うのですが、いかがでしょうか。

村井　それは痛感いたしました。社長が成長しなければ、企業の成長はありえません。

宮田　その成長の中で、気をつけなくてはいけないこともあります。企業において課長や部長に昇進すると、達成感が出てきますね。中には部長や社長になったことから、自分は偉いと思う人もいます。これは非常に危険ではないかと思いますが、この点は実感としていかがですか。

村井　仕事の中で達成感に満足していると、それ以上の向上は望めません。私自身もロジグループの社長を七年、ニチレイの社長も五年やりましたが、さらに成長を目指し続ける情熱を維持していくのは本当に大変です。そんな時には、達成感や充足感などはむしろ味わえないまま終わったほうがいいのか、とさえ思うことがあります。

宮田　常に追求していれば必ずそうなると思います。でも、人はいつまでたっても成長するものだという気がします。どこかで終わってここで到達点というのは恐らくなく、常に成長したいという情熱がやはり必要なのでしょうね。それを続けていくのは非常にしんどいことですが……。

村井　実は先ほど紹介した研修の冒頭に、研修生に対し三〇分ほど私が語りかける時間を設けました。そのときに、リーダーに求められる六つの役割と一〇の能力というものをまとめました。六つの役割とは次のような内容です。

1　期待されている役割を正しく認識する
2　全身全霊で役割（職責）の遂行にあたる
3　部下のあらゆる疑問に答えられる能力と人間性を備える
4　部下に背中を見せる
5　明るい組織風土を形成する
6　チームの能力を最大限引き出し、期待される現在、未来に立ち向かわせる

ここに書いてあるようなことが、すべて自分にできているかと言われたら、簡単にうなずくことはできません。しかし、大事なことは、それぞれの役割を自覚していくということだと思います。例えば一〇人の職場のリーダーになったときに求められる役割、あるいは社長という立場になったときの役割、それぞれあると思いますが、問題はその役割をどう正しく理解して、そのことをチームの構成員（部下）と共有し合うか、ということに全精力を傾けなければ、組織はうまく回らないと私は思っています。

先ほど紹介したように、ＥＳ調査などをすると問題児が出てきます。本人に悪気はないのですが、結果として問題になるような行動を取ってしまう。そういう部分から変えていかなければ、部下を一

つの方向に向けるのは難しいものです。いくら論理で説いても、最終的に組織を動かしていくためには人間性が重要であり、例えば多少理不尽な命令でも信頼できるリーダーなら部下は動くものです。それぞれのスキルや経営戦略については別の役員がやっていたので、私はこんな話を毎回三〇分ほどしていました。

宮田　この六つの役割はとても整理されていますね。私が大学の研究室で運営していたものも、①から⑥がなければだめです。みんな社会に出たこともない学生ですから、私が一生懸命やらなければ学生はついてこないのです。

村井　今は特にそうかもしれませんね。私たちが入ったころは、係長ぐらいの上司でも相当偉いという感じでした。新人に対しては「理屈を言わずに黙ってやれ」という時代でした。今はそんなことを言えばすぐに辞めてしまいます。上司といえどもまずは人間性を信頼してもらわないと、なかなか言うことを聞いてもらえないという状況です。

感動が人を動かす

宮田　六つの役割からは挑戦する気持ちの重要性も見えてきますが、それについては、何かインセンティブのようなものがあるのでしょうか。

村井　実は研修で与えられた課題から、実際にその職に就いた人が少なからずいます。レポートで出したことが、実際の業務になっていったわけです。つまり、レポート上のチャレンジは大事にしながら、同時に講評のときには、現実に当社グループが持っている人、物、金の制約の中で実際にそこまでのことができるのかについてシビアな議論もしてきました。やはり挑戦心をなくすと新しいものが生まれてきませんから、それは大切にしています。

ロジグループの場合、東京にいながら地方の冷蔵倉庫の設備投資をやっていいものか、やってはいけないものかが判断できない部分もありますから、各地区がこういうことをやりたいと言ってきたときには、多少荒っぽい計画であっても、それに賭けてみることも大事かなと考えてきました。それが、先生が指摘されたエンパワーメントということかもしれません。ただし、企業としてやる以上は自らが描いた方向に向けて努力をし、しっかりと収支計画どおりやってもらうことは当然です。

宮田　トップがエンパワーメントして、された方はしっかりと責任とリスクをとって苦労をする。結果として必ずしも成功しないかもしれませんが、改善の方向には向かいます。私は、学生にもそれをやらせてきました。

私はこの一〇年間、いろいろなビジネスのシステム改革のようなものをやってきました。例えばある通信販売会社の売り上げ解析の仕事がありました。これが膨大なデータで、注文伝票が年間五〇〇〇万行に上ります。大手の通信販売の五〇〇〇万行をSQLサーバーで解析するのですが、四年生に五月の段階からこれをやらせました。最初は「できない。無理です」と言ってきます。でも、一週間ほど私がやってみせると、「できます。任せてください」と言い出します。この段階で成長するスタートができているのです。

その会社はオープンな会社なので、年に二回ほど社長と執行役員の前で、担当した四年生がプレゼンテーションをします。社長の前で「この会社はこうあるべきです、こういうビジネスに進むべきです」という発表をするわけです。ここまでやれば、もう次は社会に出るしかありません。大学院もありますが、この段階まで鍛えて卒業させると、後で学生にとても喜ばれます。

これは、ある意味で非常に極端なエンパワーメントですが、私はそれをいつも大学でやってきたのです。本来は企業からお預かりしたデータの扱いは、非常な緊張を伴うものです。セキュリティーの問題もありますから、一つ間違うと大変なことになります。しかも、もし仕事がうまくできなければ、その企業に対して申しわけないことになります。もちろん責任は私がとるのですが、迷惑をかけることは間違いありません。でも、これを経験した学生はものすごく成長します。それはとてもうれしいことです。エンパワーメントには、人が育っていく喜びのようなものが最後についてきます。これは、エンパワーメントした側には大きなやりがいですね。

村井　本当にそうですね。今年の三月に七年務めたロジの社長を譲ることができましたが、それは非常に肩の荷が下りたという喜びもありましたが、やっぱりそこまで部下が成長してくれたことが嬉しかったですね。ロジグループは経営陣を総入れかえといってもいいぐらいに替えました。それは、古手の人間は私と一緒に去りましょうということです。後任の社長を六年間見てきましたが、期待どおりに大きく成長してくれました。

宮田　ああ、いいですね。それはそんなに容易なことではありません。何を話したか以上に何を理解させたか、何を理解させたか以上に何を感じさせたか、という言葉がありますが、これは難しいことですね。

村井　難しいですね。会社のトップは、毎年年頭のあいさつや全社員向けに社長訓辞などをやりますが、三カ月もしないうちに社員は忘れているものです。極端に言うと、そんなことはどうでもいいのです。ましてや経営戦略や中期経営計画といっても、一カ月もたつと大抵どこかに行ってしまいます。結局いろいろトップやリーダーが思いを込めても、それほど響いてないことのほうが多いのだと思います。

そうなると、何を社員に残してやれるかといえば、それは感動とともに心に残るものではないでしょうか。そして、それはわかりやすいフレーズであることがベストだと思います。こうしたものの一つとして、分社の中で新たなブランドステートメント、ブランドスローガンができつつあります。

ニチレイフーズは「くらしに笑顔を」、ロジグループの場合は「選ばれ続ける仕事」です。さらにその下にもいろいろなフレーズがついていますが、「選ばれ続ける仕事」と言っていたよなと思ってもらえるだけでもいいのです。選ばれ続ける仕事ですから、一回選ばれて終わりでは困ります。〝続ける〟ということは、常にお客様に改善提案をして、競合他社につけいられる隙を与えないということになります。

私も経営企画部に一〇年近くいて、社長の原稿を代筆したり、社長の思いを言葉にしてきましたが、三カ月もたてば社員はまったく覚えていません。そういう経験をずっとしてきました。そこで、何か違うもののほうがいいかなという思いはずっとありました。そこで現場を見てみると、こういうことでお客様から褒められた、お客様に喜んでいただいたというようなことは、社員には深く残っていて決して忘れることはないのです。その違いは、やはり感動の有無なのだと思います。

ロジグループでは、同時に「選ばれ続ける仕事賞」というものを始めました。これは各職場で、同じ職場の仲間やお客様から非常によくやっていると言われる人をそれぞれの職場単位ごとに推薦してもらい、全国各地から一年に二回集まっていただき、立派な表彰式もやっています。些少ですが副賞として賞金も出しているようです。これに選ばれる人は職場の中堅層というよりも、むしろ末端の例えばパート従業員や設備営繕の仕事を長年やってきた人などが多く推薦されてきます。私も昨年まで、表彰状を一人ずつ読み上げてお渡ししていました。

その内容については、社内的にもすべてオープンにしていて、この人がどういうことで表彰されたのかは詳細にわかるようになっています。さらに今、これは海外の子会社でも展開しています。これもブランドスローガンと同じく、こういうことのほうが、社長が長たらしく経営戦略を語るよりも価値観としてはむしろわかりやすいと思います。

概念的には、ミッションやビジョンなどいろいろありますが、重要なのは価値をどう共有するかということです。それぞれの職場で価値の共有を図るには、よくある概念図や行動規範のようなものも大事でしょうが、それはどこの会社でも当てはまる当たり前のことです。むしろニチレイフーズで「くらしに笑顔を」が全従業員の価値観の共有になれば、いろいろなサービスや商品の発想につながるでしょう。また、ロジグループは「選ばれ続ける仕事」ですから、お客様に選ばれ続けるような改善提案を自発的にしていくのだろうと思います。あるいは職場の維持向上に努力をされている人たちに光を当てて表彰して、それがモチベーションの向上につながれば、職場の価値観の共有としては効果が高いのだと思います。

宮田　感動という言葉が、人材育成や企業経営の中で出てくること自体感動的です。私が講演するときによく言うのは、仕事というのは基本的に楽しいものではありえない。楽しんでお金をもらえるなんてあり得ないし、苦しいことをやるから仕事なんだ、九九％苦しいと思っていたほうがいい、ということです。でも、同時に達成感とか感動は実際にあるものだし、それは最後に出てくるものです。

感動という言葉が出てきて、とてもうれしかったのですが、仕事の現場では難しいことも多く、いま関わっている東北復興などはいいことはほとんど何もありません。大変なことが目前にあり、何事もゼロベースからだし、少子高齢化の社会だし、という状況の連続です。でも、ときに市民や事業者の方々に喜んでもらったりすることがある。もうそれだけです。

今日お話を伺って思っていたのは、村井社長が経営者として人材育成に取り組まれてきましたが、その底辺には職場で得られる感動や、社員の方に対する愛情のようなものが絶対にあると思うのです。

村井　私も最初から経営者をやっているわけではなく、昭和五二年四月に新入社員として会社に入ってきたわけです。そこから始まった会社員人生の中で嬉しいと思えるのは、褒められたときです。実際には褒められた経験は少ないのですが、それが原点だと思います。会社員としては自分の上司から褒められるのはうれしいものですし、職場としてもっともうれしいのは、お客様から褒められることだろうと思います。

今、宮田先生から東北の復興のお話が出ましたが、実は私どもも震災で東北地区のかなりの拠点が被害を受けました。特に東北仙台地区で物流で小売のセンターをやっていた二つの拠点は甚大でした。一つは空港のそばの岩沼というところにイオンさんの生鮮のセンターがあり、もう一つは宮城野というところにヨークベニマルさんの小売の生鮮センターがありました。いずれも津波の直撃を受けて中身がすべて流され、トラックなども使い物にならない状況でした。

当時、両拠点ともに、東北地区の復興のためにはそこからイオンさんやヨークベニマルさんのお店に日配品を送らなければならないので、早期復旧の強いご要請がありました。私たちもそれは充分に認識していたのですが、驚いたことにパートの人を含めた従業員たちが、まだ避難生活をしているにもかかわらず歩いて事務所に来て、がれきの処理を始めたというのです。これを聞いたときは、私自身が感動を覚えました。そういう人たちの努力で五月の連休明けには、早くもセンターが動きだしました。その結果、両拠点ともヨークベニマルさんとイオンさんから感謝状、表彰状をいただきました。あのお忙しいなか、岡田社長までが岩沼センターを訪問され、従業員の方にねぎらいの言葉をかけていただいたということです。

この中には、私が顔も名前もよくわからない方もいるのです、本当に頭が下がる思いでした。私自身も何はともあれ両拠点には駆けつけて社員の皆さんにお礼を言って帰ってきました。そういうところに、感謝や愛情というようなものがあるのは確かだと思います。

宮田　本日は素晴らしいお話を伺いました。ありがとうございました。

あとがき

「企業の価値」が注目される今、新たなる価値創造を目指す企業活動のあり方が問われています。「価値創造フォーラム21」は、個と組織の共進化や共創を目指す新しい価値創造のリーダーシップのあり方などを探求する場として、業種を超え、志を一つにする経営者が集まり、一九九八年四月に設立され、二〇〇九年一〇月に一般社団法人化しました。

当フォーラムの諸活動において、私達は常に、企業の価値を単なる経済的価値だけでなく、社会的価値、文化的価値等をも包含した、奥行きの深いものと捉えてきました。そして、価値を創造し続ける企業では、数値化できない優れた企業風土や文化、遺伝子が脈々と受け継がれていることや、その企業にしかできない絶対価値の創造と深化が永続的発展に不可欠であることなどを学んできました。

こうした優れた企業風土や文化、遺伝子に加え、企業価値探求の姿勢や共生と共創の精神などを世代を超えて組織的に継承するために、リーマン・ショック直後の二〇〇八年の一一月に、日本経済新聞社後援のもと第一期「価値創造リーダー育成塾」を立ち上げ、さらに一一年一二月には第二期「価値創造リーダー育成塾」を開講しました。こうした活動に参加されてきたメンバーの多くが、厳しい時代に立ち向かう「価値創造リーダー」として、現在、各企業の第一線で活躍されています。この育成塾の活動を通して、次世代の価値創造リーダーを育成するだけでなく、こうした人材の横断的なつながりを強化するためのプラットフォームの構築等を目指しています。

フォーラム一六年目となる本年度の統一テーマは「危機を超える真の企業競争力」です。日本経済はバブル崩壊以降、いわゆる「失われた二〇年」と言われる長いトンネルに入り、リーマン・ショックと、その回復の兆しの中で発生した東日本大震災と電力問題、歴史的な円高や原油・資源価格の高騰等、長い間、非常に厳しい環境に置かれ、生産拠点としての日本の競争力は極めて厳しい状況に直面してきました。

「アベノミクス」の効果により復活の兆しも見えつつありますが、激しさを増すグローバルな競争や、少子高齢化で縮小傾向が続く国内市場の中で、生き残りをかけて多くの企業がアジアをはじめ海外へ進出し、製造の移転を加速させています。まさに私達は大きな転換期を迎えています。

こうした環境において、企業が危機を超える真の競争力を身につけるためには、普遍的な理念や大義を基礎に据えた上で、視野を広げ、時代や顧客の変化に敏感に、かつ過去の延長線上でない独創性や革新性、チャレンジ精神にこだわりながら、時代に応じて自らを進化させるとともに、自分たちにしか創造し得ない絶対価値を追求していくこと以外に方策はありません。

このような考えのもと、「価値創造フォーラム21」では、新しい時代に向けたフォーラム活動の進化や情報発信を通じ、産学における様々な価値創造のプロセスやシステムのさらなる進化を促し、持続的な日本経済と社会の発展に一層、寄与していきたいと考えています。

二〇一三年八月

一般社団法人価値創造フォーラム21理事長　伊東信一郎

編者紹介
伊藤邦雄（いとう・くにお）
一橋大学大学院商学研究科教授

石井淳蔵（いしい・じゅんぞう）
流通科学大学学長

次世代リーダー育成塾
経営の作法

2013年9月25日　1版1刷

編　者　伊藤邦雄・石井淳蔵
価値創造フォーラム21

発行者　斎田久夫
装　丁　阪田　啓

発行所　日本経済新聞出版社
〒100-8066　東京都千代田区大手町1-3-7
電話（03）3270-0251（代）
http://www.nikkeibook.com/

印刷／製本　シナノ印刷

ISBN978-4-532-31910-6